Dale Carnegie
戴爾·卡耐基
經典名著

全世界暢銷書·勵志類排行榜第一名

如何停止
自己不開心

戴爾·卡耐基　著

林郁　主編

名人推薦

除了自由女神，卡耐基或許就是美國的象徵。

——《時代周刊》

在出版史上，沒有任何一本書能像卡耐基那樣持久地深入人心，也唯有卡耐基的書，才能在他辭世半個世紀後，還占據著我們的排行榜。

——《紐約時報》

與我們應取得的成就相比，我們只不過是半醒著，我們只利用了身心資源的一部分。卡耐基因為幫助職業人士開發他們蘊藏著的潛能，在成人教育中掀起了一種風靡全球的運動。

——威廉·詹姆斯（哈佛大學著名心理學教授）

由卡耐基開創並倡導的個人成功學，已經成為這個時代有志青年邁向成功的階梯，通過它的傳播和教導，無數人明白了積極生活的意義，並由此改變了他們的命運。卡耐基留給我們的不僅僅是幾本書和一所學校，其實真正價值是：他把個人成功的技巧傳授給了每一個想成功的年輕人。

——甘迺迪總統（1963 年在卡耐基逝世紀念會上的演講）

你真想將自己的生活改變的更好嗎？如果是，那麼本書可能是你們遇到的最好的書之一。閱讀它，再閱讀它，然後開始行動。

——奧格·曼丁諾《世界上最偉大的推銷員》作者

《讀者文摘》特別推介：
本書對你有什麼影響？

一、改變你陳舊的觀念，給你新的一頁，讓你耳目一新！

二、使你交友迅速，廣受歡迎，易得知己。

三、幫助你不畏困難，建立積極的人生觀。

四、幫助你使人贊同你，喜歡你。

五、增加你的聲望，和你成功事業的能力。

六、使你獲得新的機會。

七、增加你賺錢的能力。

八、幫助你成為一個更好的推銷員或高級職員。

九、幫助你應付抱怨，避免責難，使你與人相親相愛。

十、使你成為一個更好的演說家，一個健談者。

十一、使你每日生活中，易於應付這些心理學上的原則。

十二、使得有你在的場合，便可激起人生的熱忱。

最客觀公正的評價

　　卡耐基於一九五五年 11 月 1 日去世，只差幾個星期 67 歲。追悼會在森林山舉行，被葬在密蘇里州他父母親墓地的附近。一九五五年 11 月 3 日，《華盛頓郵報》刊載了下面這段文字——

　　「那些憤世嫉俗的人過去常常揣測，如果每個人都接受並且遵照卡耐基的話去做，那將會成什麼局面？卡耐基先生在星期二去世了，他從來不屑於這些世故者的風涼話。他知道自己所做的事，而且做得極好。他在自己的書中和課程上，努力教導一般人克服無能的感覺，學會如何說話、如何為人處事。

　　「千百萬人受到他的影響，他的這些人生的哲理如文明一樣古老，如『十誡』一般簡明，對於人們在這個混亂的年代裡，獲得快樂和成就有極大的幫助！」

關於本書

戴爾·卡耐基（Dale Carnegie, 1888 年 11 月 24 日─1955 年 11 月 1 日），美國著名人際關係學大師，美國現代成人教育之父，西方現代人際關係教育的奠基人，被譽為是二十世紀最偉大的心靈導師和成功學大師。

戴爾·卡耐基利用大量一般人不斷努力取得成功的故事，通過演講和著作喚起無數陷入迷惘者的鬥志，激勵他們取得輝煌的成功。其在 1936 年出版的著作《人性的弱點》，將近一百年來始終被西方世界視為社交技巧的聖經之一。他在 1912 年創立卡耐基訓練班，以教導人們人際溝通及處理壓力的技巧。

當卡耐基成名以後，仍然沒有忘記小學時，老是喜歡欺負他的同學山姆·懷特。他歸納出了一番人生哲理：「要想別人對你友善，要想與同事和睦地相處，處理好上下級關係，那就絕不能去觸動別人心靈的傷疤。」卡耐基還發現，他具有與生俱來的憂鬱性格。他曾向朋友傾訴：煩惱伴隨著我的一生。我一直想弄明白自己的憂慮來自何處。

有一天，我幫母親摘取櫻花的種子時，突然哭泣起來。母親問：「你為什麼哭？」我邊哭邊答：「我擔心自己會不會像這種子一樣，

被活活埋在泥土裡。」兒時的我，擔驚受怕的事情真的不少：下雷雨時，擔心會不會被雷打死；年景不好時擔心以後有沒有食物充飢；還擔心死後會不會下地獄。稍大以後更加胡思亂想：想自己的衣著、舉止會不會被女孩子取笑，擔心沒有女孩子願意嫁給我。但後來我發現，曾經使我非常擔心的那些事情，99%都沒有發生。」

一個如此沒有自信，幾乎被各種各樣莫名其妙的憂慮纏繞的年輕人，最終成為給別人自信、讓人們樂觀的心理導師，這中間需要經歷多少磨礪，就可想而知了。

自從卡耐基的著作問世以來，就改變了千千萬萬人的命運。發明大王愛迪生、相對論鼻祖愛因斯坦、印度聖雄甘地、「米老鼠」的父親華特‧迪士尼、建築業奇蹟的創造者里維父子、旅館業鉅子希爾頓、白手起家的台塑集團的大家長王永慶、麥當勞的創始人雷‧克洛克等等，都深受卡耐基思想和觀點的激勵和影響。

他的實用性和指導性，以及對社會各類人群和各個時代的適應性，是卡耐基思想的重要特點。當時代的巨輪匆匆駛過二十世紀，進入二十一世紀的時候，卡耐基的思想和見解並沒有被時代所拋棄，相反，在今天這個競爭激烈的社會，他的思想和洞見更加深刻與實用，

對於各階層人士都具有不同的指導意義。

關於《人性的弱點》——

《人性的弱點》出版之後，已經改變了數億人的命運。如果早一點讀到這本書，很多人的人生都會不一樣，失敗和迷茫也會和讀過它的人分道揚鑣了。

《人性的弱點》這部風行將近百年的作品為什麼會歷史不衰，永遠站在暢銷書的行列中！綜觀整部作品並無任何花俏或高潮迭起！它只是用你我平常的語言侃侃而談，指出（一）人不要以自我為中心，要體貼別人（二）不要自卑建立自信走入人群中（三）待人要讓人感受到你尊重他（四）處事要釋出善意就能引起對方的興趣。

另外，你還必須（一）勇敢面對自己的不足（二）換位思考、考慮對方立場（三）尊敬對方贏得尊重（四）建立友誼共創雙贏。股神巴菲特說：「我從 8 歲就開始讀卡耐基先生的著作，現在的年輕人，你越早讀卡耐基的作品，你的人生就越早獲得啟發。」

關於《如何停止自己不開心》——

洛克菲勒的托拉斯企業兵法，在 1911 年被聯邦法院判決違反公平商業原則敗訴之後，當天晚上他的辯護律師打電話安慰他，要他不要擔心先好好休息，但洛克菲勒卻哈哈大笑，反而安慰他：「詹森先生擔心是沒用的，我正想美美地睡他一覺呢！倒是你，才是不要太擔心了，好好去睡一覺吧！」

《如何停止自己不開心》這部神奇的魔法書，自從問世以來，已經解救了數千萬生活在瀕臨崩潰的人們。它是全球第一品牌的「解憂、忘憂」的作品，也是幫助數億人「停止憂鬱、走出憂慮」，重新啟動「生命的引擎」——的第一暢銷書！這本書可以陪您一輩子，只要在您覺得不開心的時候閱讀它幾頁，就可以讓你解除憂慮、恢復平靜，讓您明天的人生重新出發！

目錄 Contents

第四章　怎樣讓自己充滿活力！

第一章

「此時、此刻」才是你的人生！

哲學家的一句話

　　一八七一年春天，一個年輕人，作為一名蒙特利綜合醫院的醫科學生，他的生活中充滿了憂慮：怎樣才能通過期末考試？該做些什麼事情？該到什麼地方去？怎樣才能開業？怎樣才能謀生？他拿起一本書，看到了對他的前途有著很大影響的一句話。

　　一句話使這位年輕的醫科學生成為當時最著名的醫學家。他創建了聞名全球的約翰‧霍普金斯醫學院，成為牛津大學醫學院的欽定講座教授——這是大英帝國醫學界所能得到的最高榮譽——他還被英王封為爵士。死後，記述他一生經歷的兩大卷書達 1466 頁。

　　他就是威廉‧奧斯勒爵士。一八七一年春天他所看到的那句話幫助他度過了無憂無慮的一生。這句話是英國哲學家湯瑪斯‧卡萊爾的「最重要的是不要去看遠處模糊的，而要去做手邊清楚的事。」

　　42 年之後的一個溫暖的春夜裡，在開滿鬱金香的校園中，威廉‧奧斯勒爵士向耶魯大學的學生發表了講演。他對那些耶魯大學的學生們說，像這樣一個人，曾經在四所大學裡當過教授，寫過一本很受歡迎的書，似乎應該有「特殊的頭惱」，其實不然。他的一些好朋友都說，他的腦筋其實是「普普通通」的。

那麼，他成功的秘訣到底是什麼呢？他認為是由於他是生活在「一個完全獨立的今天」裡。

　　「一個完全獨立的今天」，這句話是什麼意思呢，在去耶魯演講的幾個月前，他曾乘一艘很大的海輪橫渡大西洋。他看見船長站在駕駛艙裡按了一個按鈕，在一陣機器運轉的響聲後，船的幾個部分就立刻彼此隔絕開了──隔成幾個防水的隔艙。

　　奧斯勒博士對那些耶魯的學生說──「你們每一個人的機制都要比那條大海輪精美得多，而且要走的航程也遙遠得多。

　　「我想奉勸諸位：你們也應該學會控制自己的一切。只有活在一個『完全獨立的今天』中，才能在航行中確保安全。在駕駛艙中，你會發現那些大隔艙都各有用處。按下一個按鈕。注意觀察你生活中的每一個側面，用鐵門把過去隔斷──隔斷那些已經逝去的昨天；

　　「按下另一個按鈕，用鐵門把未來也隔斷──隔斷那些尚未誕生的明天。然後你就可以保證──你擁有所有的今天……切斷過去。

　　「埋葬已經逝去的過去，切斷那些會把傻子引上死亡之路的昨

天……明天的重擔加上昨天的重擔，必將成為今天的最大障礙。

　　「要把未來像過去那樣緊緊地關在門外……未來就在於今天……從來不存在明天，人類得到拯救的日子就是現在。精力的浪費、精神的苦悶，都會緊緊伴隨一個為未來擔憂的人……那麼，把船前船後的船艙都隔斷吧。準備養成一個良好的習慣。

　　生活在「完全獨立的今天」之中，奧斯勒博士是不是主張人們不用下功夫為明天做準備呢？不是，絕對不是。在那次講演中，他接著說道──集中所有的智慧，所有的熱誠，把今天的工作做得盡善盡美，這就是你迎接未來的最好方法。

現代醫學之父

　　威廉·奧斯勒爵士（William Osler, 1849～1919）是加拿大醫學家、教育家，被認為是現代醫學之父。他建立的住院醫師制度和床邊教學制度在西方醫學界影響深遠，至今仍是世界醫學界基本的制度組成。他文藝復興式的多才多藝形成了約翰·霍普金斯醫學院的傳統。他的很多言談和論點，至今仍被醫學界廣泛引用。

　　一八六八年，威廉在啟蒙老師的影響下，他轉入到多倫多大學醫學院就讀，一八六九年 2 月他發表了生平第一篇文章《聖誕節與顯微鏡》，從此迷上醫學的神聖殿堂，終其一生著書立說，執筆不輟……

　　後來，他的成名之作《生活之道》是其二十篇演講的匯集。作者將其深厚的古典人文涵養帶入醫學領域，觸角遍及醫療倫理、醫療與人道關懷以及醫病關係，字裡行間洋溢著他睿智的生活與行醫哲學。

　　《生活之道》更是每一位從事醫療工作者的必讀之書。本書超越了醫學範疇，是寰宇間的普世價值。作者在這裡對醫者所期勉的是每一個人都要學習的生命智慧，書中所闡述的生活的本質也是人世永恆不變的價值。這是每一位想提高生活質量與生存境界的人必讀之書，也是 20 世紀最為重要的思想文獻之一。

一八七〇年，為了追求更好的學習條件，他轉入麥吉爾大學醫學院。乍一接觸陌生的環境，奧斯勒無法適應。他對未來和前程產生了嚴重的「徬徨少年時」。繁重的學業讓他不停地懷疑自己——自己能否通過期末考試？自己未來該做什麼？會身處何方？能否創立自己的基業？明天到底該怎樣生活？

迷惘與困惑中，他隨手翻閱了老師推薦的哲學家湯瑪斯・卡萊爾（Thomas Carlyle, 1795～1881）的一本啟蒙讀物，在不經意的閱讀中，有一句話成為了點亮他內心黯淡世界的火焰，更成為了讓他日後出類拔萃的奠基石。

「首要之務，不是著眼於既不可追又不可及的過去與未來，而是做好清清楚楚擺在手邊的事情。」（Our main business is not to see what lies dimly at a distance, but to do what lies clearly at hand.）

奧斯勒突然意識到，人不應當活在昨日的錯誤與失意中，也不需要擔憂明天可能的不安與恐懼，而應該使出自己全部的心力來承擔今日。昨日的負擔如果再加上明天的，只會使今日更加舉步維艱。

畢業之後，他遊學到倫敦、柏林、維也納，後來返回加拿大，又移居美國，在約翰霍普金斯大學工作的幾年是他人生中最為輝煌的時光，短短幾年間，他就將約翰・霍普金斯大學醫學院發展為醫學教育的殿堂，並且將世界的醫學中心從歐洲轉移到了美國。他的臨床和教學能力得到了充分的施展，也得到了極大的尊崇，被稱為 JH 醫學院四位創建者（the big four）之一。

他建立了美國今天的醫學教育制度，開創了世界醫學的新紀元。他深信醫學院的學生必須首先具備一般大學的畢業資格，除了要求學生擁有生物、物理和化學的基本知識外，他並不限制他們的專業。相反，結合自己的經歷，他鼓勵學生接受人文教育的熏陶。他說：「我們要稱為文藝復興式的人物，是另外一種學生，是那種心懷理想，眼界開闊，於歷史淵源做過深入涉獵，能夠洞察生命底蘊的人。」

其實，奧斯勒應該是一名理想主義者。他行走於塵世間卻一塵不染；他超負荷的工作，熱情卻不被每天的勞塵所悶熄；他名噪一時，卻仍恬淡自適、沉穩寧靜。每天的工作過後，無論幾點，他都要堅持讀至少 15 分鐘的書，他一生讀了 1900 多本書，藏書 8000 餘冊。他堪稱所有醫學界、甚至是所有人的楷模。

山頂上的哲人

很久以前，一個一文不名的哲學家，流浪到一處貧瘠的鄉村，那裡的人們過著非常艱苦的生活。一天，一群人在山頂上聚集在他的身邊。他說出了一段也許是有史以來引用最多的名言。這段話僅有 30 個字，卻經歷了幾個世紀，世世代代地流傳了下來：「**不要為明天憂慮，因為明天自有明天的憂慮，一天的難處一天受就足夠了。**」

很多人都不相信耶穌的這句話「不要為明天憂慮」。他把它當做一種多餘的忠告，把它看做東方的神秘之物。始終不肯相信。他們說：「我一定得為明天憂慮，我得為我的家庭保險。我得把錢存起來以備將來年紀大的時候用。我一定得為將來計劃和準備。」

不錯，這一切當然都必須要做。實際上，耶穌的那句話是三百多年前翻譯的，現在憂慮一詞所代表的意義和當年詹姆斯王朝所代表的意義完全不同。三百多年前，憂慮一詞通常還有焦急的意思。新譯《聖經》把耶穌的這句話譯得更加準確：「別為明天著急」。不錯，一定要為明天著想，小心地考慮、計劃和準備，可是不要擔憂。

戰時的軍事領袖必須為將來謀劃，可是他們絕不能有絲毫的焦慮。指揮美國海軍的海軍部長恩斯特‧金恩上將說：「我把最好的裝

備都提供給最優秀的人員，再交給他們一些看起來很卓越的任務。我所能做的僅此而已。」

他又說：「如果一條船沉了，我無法把它撈起來。如果船一直下沉，我也無法擋住它。我把時間花在解決明天的問題上，要比為昨天的問題後悔好得多。況且，如果我老是為這些事操心，我將支撐不了多久。」

無論戰時還是平時，好主意和壞主意之間的區別就在於：好主意能考慮到前因後果，從而產生合乎邏輯而且具有建設性的計劃；而壞主意則會導致一個人的緊張和精神崩潰。

最近，我很榮幸地拜訪了海斯‧舒柏格，他是世界上著名的《紐約時報》的發行人。舒柏格先生告訴我，當第二次世界大戰的戰火蔓延到歐洲時，他感到非常吃驚。對前途的憂慮使他徹夜難眠。他常常半夜從床上爬起來，拿著畫布和顏料，照看鏡子，想畫一張自畫像。他對繪畫一無所知。但為了使自己不再擔心，他還是畫著。最後，他用一首讚美詩中的七個字作為他的座右銘，最終消除了憂慮，得到了平安。這七個字就是：「只要一步就好了」。

不要為明天憂慮

　　大概就在這個時候，有個當兵的年輕人──在歐洲的某地──也同樣地學到了這一點。他叫泰德・班傑明，他在馬里蘭州的巴鐵摩爾城紐霍姆路 5716 號──他曾經憂慮得幾乎完全喪失了鬥志。

　　泰德・班傑明寫道：「一九四五年 4 月，我憂愁得患了一種被醫生稱之為結腸痙攣的疾病，這種病使人極其痛苦。我想假如戰爭不在那時結束的話，我整個人就會垮了。

　　「當時我整個人筋疲力盡。我在第 94 步兵師擔任士宮職務，工作是搞一份作戰中傷亡和失蹤的情況記錄，還要幫助挖掘那些在激戰中陣亡後被草草埋葬的士兵，把他們的遺物送還給他們的親友。我一直擔心自己會出事，懷疑自己能否熬過這段時間，懷疑自己能不能活著回去抱抱我那尚未見面的 16 個月的兒子。我既憂愁又疲憊不堪。瘦了 34 磅，還差點兒發瘋。我眼睜睜地時目著雙手變得皮包骨頭，一想到自己瘦弱不堪地回家就害怕。我崩潰了，常常一個人哭得渾身發抖。有一段時間，也就是德軍最後大反攻開始不久，我常常哭泣，這甚至使我放棄了還能恢復正常生活的希望。

　　「最後，我住進了醫院，一位軍醫給了我一些忠告，整個改變了我的生活。在我做完一次全面身體檢查之後，他告訴我，我的問題純

粹是精神上的，『泰德，』他說：『我希望你把生活想像成一個沙子漏斗。在漏斗的上半部，有成千上萬顆沙粒，它們緩慢、均勻地通過中間那條細縫。除了沙子漏斗，你我都無法讓兩顆以上的沙粒同時通過那條窄縫。我們每個人都像這個漏斗，當一天開始的時候；有許多事情要我們儘快完成。但我們只能一件一件地做；讓工作像沙粒一樣均勻地慢慢通過，否則我們就一定會損害身體和精神上的健康。』」

「從值得紀念的那天起，也就是軍醫把這段話告訴我之後。我就一直奉行這種哲學。『一次只通過一顆沙粒……一次只做一件事。』」

「這個忠告在戰時拯救了我，而對我目前在印刷公司的公共關係及廣告部中所做的工作也有莫大的幫助。我發現在生意場上，也有類似戰場的問題，即一次要做完好幾件事，但時間卻很有限。材料要補充，新的表格要處理，要安排新的資料，地址有變動，分公司開張或關閉……但我不再慌亂不安。我一再重複默誦軍醫的忠告。按部就班，工作比以前更有效率，再沒有那種在戰時幾乎使我崩潰的困惑與混亂的感覺。」

目前的生活方式中，最讓人恐懼的就是，醫院裡半數以上的床位都留給了精神或神經上有問題的人。他們是被積累的昨天和令人擔心的明天加在一起的重擔壓垮的病人。他們當中的大部分人，只要能牢記耶穌的這句話：「不要為明天憂慮。」

古羅馬詩人提醒了她

　　住在密西根州沙支那城法院街 815 號的席爾斯太太，在學到「只要生活到上床為止」這一點之前，卻感到極度的頹喪，甚至於幾乎想自殺。她向我講述了這一段的生活。

　　「一九三七年我丈夫死了，我覺得非常頹喪——而且幾乎一文不名。我寫信給我過去的老闆里奧羅西先生，他是堪薩斯城羅浮公司的老闆，我請求他讓我回去做我過去的老工作。我從前做向學校推銷世界百科全書的工作。兩年前我丈夫生病時，我把汽車賣了。為了重新工作，我勉強湊足錢，分期付款買了一部舊車，開始出去賣書。

　　「我原以為，重新工作或許可以幫助我從頹喪中解脫出來。可是，總是一個人駕車，一個人吃飯的生活幾乎使我無法忍受。加上有些地方根本就推銷不出去書，所以即使分期付款買二手車的數字並不大，但也很難付清。

　　「一九三八年春，我在密蘇里州維沙里市推銷書。那裡的學校很窮，路又很不好走。我一個人又孤獨、又沮喪，以致於有一次我甚至

想自殺。我感到成功沒有什麼希望，生活沒有什麼樂趣。每天早上我都很怕起床去面對生活。我什麼都怕：怕付不出分期付款的車錢，怕付不起房租，怕東西不夠吃，怕身體搞垮了沒有錢看病。唯一使我沒有自殺的原因是，我擔心我的姐姐會因此而悲傷，況且她又沒有充裕的錢來付我的喪葬費用。

「後來，我讀到一篇文章，它使我從消沉中振作起來，鼓足勇氣繼續生活，我永遠永遠地感激文章中的那一句令人振奮的話：『對於一個聰明人來說，每一天都是一個新的生命。』我用打字機把這句話打下來，貼在汽車的擋風玻璃窗上，使我開車的每時每刻都能看見它。我發現每次只活一天並不困難，我學會了忘記過去，不考慮未來。每天清晨我都對自己說。『今天又是一個新的生命。』」

「我成功地克服了自己對孤寂和需求的恐懼。整個人都非常快活，事業也還算成功，並對生命充滿了熱誠和愛。我現在知道，不論在生活中會遇上什麼問題，我都不會再害怕了；我現在知道，我不必懼怕未來。我現在知道，我每一次只要活一天──而「對於一個聰明

人來說，每一天就是一個新的生命。」

　　猜猜下面幾行詩是誰寫的——

這個人很快樂，也只有他才能快樂。

因為他能把今天，稱之為自己的一天；

他在今天能感到安全，能夠說：

「無論明天會多麼糟糕，我已經過了今天。」

　　這幾句詩似乎很具有現代意味，但它們卻是古羅馬詩人柯瑞斯在基督降生的 39 年前寫下的。

　　我認為人們最可憐的一件事就是，我們所有的人都拖延著不去積極投入生活。

　　我們嚮往著天邊有一座奇妙的玫瑰園，

　　卻從不注意欣賞今天就開放在我們窗口的玫瑰。

　　我們怎麼會變成這種傻子——這種可憐的傻子呢？

你能享用的只是今天的果醬

「我們生命的小小歷程是多麼奇特呀，」史蒂芬・里高克寫道：「小孩子常說：『等我是個大孩子的時候，』可是又怎麼樣呢？大孩子常說：『等我長大成人以後。』等他長大成人以後，他又說，『等我結婚以後，』可是結了婚又能怎麼樣呢，他們的想法又變成了『等我退休以後』。然而，退休之後，他回過頭看著他所經歷的一切，似乎像有一陣冷風吹過。不知怎麼，他把所有的都錯過了，而一切又都一去不復返了。我們總是不能及早領悟：生命就在生活裡，就在每天和每時每刻中。」

底特律城已故的愛德華・伊文斯先生，在學會「生命就在生活裡，就在每天和每時每刻中」之前，幾乎憂鬱自殺。愛德華生長於貧苦家庭，最初靠賣報為生：後來在雜貨店做店員，家中七人靠他吃飯，他只得找新的工作，做了助理圖書管理員，儘管工資微薄，他也不敢辭職。八年之後，他才鼓起勇氣開創自己的事業，竟然時來運轉，用借來的 50 元發展到一年淨賺兩萬美元，可惜好景不長，他存錢的銀行倒閉了，他不但損失了全部財產，還負債一萬六千美元。他經受不住這樣的打擊，「我吃不下，睡不著，」他說，「我開始生起

奇怪的病來，病因純粹是憂鬱過度，有一天我走路時昏倒在路邊從此只能臥床休息，結果全身都爛了，最後連躺著都痛苦不堪。這時醫生告訴我，我大約只能活兩個星期了。我大為震驚，只得寫好遺囑躺下等死。這樣一來，憂慮也就多餘了。我放鬆下來，閉目休養了好幾個星期。雖然每天睡眠不足兩小時，但卻很安穩，那些令人疲倦的憂慮漸漸消失了，胃口也漸漸好起來，體重也開始增加。

又過了幾星期，我能拄著拐走路了。六星期後我又能回去工作了。過去我的年薪曾達兩萬元，現在能找到每周 30 元的工作就很高興了。我的工作是推銷一種擋板，我不再後悔過去，也不害怕將來，而是將全部時間、精力、熱誠都放在推銷工作上。」

愛德華‧伊文斯的事業發展迅速。沒幾年，他已是伊文斯工業公司的董事長。從那以後，他的公司長期雄霸紐約股票市場。如果你去格陵蘭，很可能會降落在伊文斯‧貝魯特機場，這是為紀念他而命名的。但是，他如果沒學會「生活在完全獨立的今天」，那絕不會有這樣的成功。

你大概還記得白雪公主的話：「這裡的規矩是，明天可以吃果醬，昨天可以吃果醬。但今天不准吃果醬。」我們大多數人也是這樣——為了明天的果醬和昨天的果醬發愁，卻不肯把今天的果醬厚厚地塗在現在吃的麵包上。

不要忘記你只生活在「今天」

就連偉大的法國哲學家蒙田也犯過同樣的錯誤。他說：「**我的生活中，曾充滿可怕的不幸。而那些不幸大部分從未發生。**」

我和你的生活也是這樣。

但丁說：「**想一想吧，這一天永遠不會再來了。**」

生命正以令人難以置信的速度飛快地溜過。所以，今天才是最值得我們珍視的唯一的時間。

這也是勞費爾・湯瑪斯的想法。我最近在他的農場度過一個周末。他在他電台的牆上掛了個鏡框，裡面是這樣的詩句：

今天是特別的一天，

今日就讓我們盡情歡樂吧！

印度劇作家卡爾達沙在「向黎明致敬」一詩中也提到：

明日虛幻不定，

努力為今日生活吧！

將所有的明日幻化成希望。

所以，張開雙眼、迎向今日，

向每一個黎明歡呼！

現在，請你問一問自己以下的問題並答出答案：

（一）我是否忘了生活在今天而只擔心未來，我是不是追求所謂
　　　「遙遠奇妙的玫瑰園」？

（二）我是不是常為往事後悔，讓今天過得更難受？

（三）我早晨起來的時候，是不是決定「抓住這 24 小時」？

（四）如果只是「活在完全獨立的今天」，是否能使我從生命中
　　　得到更多。

（五）我應該什麼時候開始這麼做？
　　　下星期……明天……還是今天？

神奇的「卡瑞爾公式」

威爾斯‧卡瑞爾是個聰明的工程師，他開創了空調製造行業，現在這世界著名的卡瑞爾公司的負責人。我們在紐約的工程師俱樂部共進午餐時，他親口告訴了我這個辦法。

「年輕的時候，」卡瑞爾先生說：「我在紐約州水牛城的水牛鋼鐵公司做事。有一次我要去密蘇里州水晶城的匹茲堡玻璃公司的下屬工廠安裝瓦斯清洗器。這是一種新型機器，我們經過一番精心調試，克服了許多意想不到的困難，機器總算可以運行了，但性能沒有達到我們預期的指標。」

卡瑞爾接著說，我對自己的失敗深感驚詫，彷彿挨了當頭一棒，竟然犯了肚子疼，好長時間沒法睡覺。最後，我覺得憂慮並不能解決問題，便琢磨出一個辦法，結果非常有效，這個辦法我一用就是 30 年，其實很簡單，任何人都可以使用。其中有三個步驟：

〔第一步〕我坦然地分析我面對的最壞的結局，如果失敗的話，老闆會損失 20000 美元，我很可能會丟掉差事，但沒人會把我關起來或槍斃掉。這是肯定的。

〔第二步〕我鼓勵自己接受這個最壞的結果。我告誡自己，我的歷史上會出現一個污點，但我還可能找到新的工作。至於我的老闆，

兩萬美元還付得起，權作交了實驗費。

接受了最壞的結果以後，我反而輕鬆下來了，感受到許多天來不曾有過的平靜。

〔第三步〕我就開始把精力投入到改善最壞結果的努力中去。

我儘量想一些補救辦法，減少損失的數目，經過幾次試驗，我發現如果再用 5000 美元買些輔助設備，問題就可以解決。果然，這樣做了以後，公司不但沒損失那兩萬美元，反而賺了 15000 美元。

如果我當時一直擔心下去的話，恐怕再也不可能做到這一點了。憂慮的最大壞處，就是會毀掉一個人的能力，憂慮使人思維混亂。我們強迫自己接受最壞的結局時，我們就能把自己放在一個可以集中精力解決問題的地位。

這件事發生在很久以前，由於那種辦法十分有效，我多年來一直使用它。結果，我的生活裡幾乎很難再有煩惱了。」

為什麼卡瑞爾的辦法這麼有實用價值呢？從心理學上講，它能夠把我們從那個灰色雲層中拉下來，使我們的雙腳穩穩地站在地面上。假如我們腳下沒有結實的土地，又怎麼能把事情做好呢？

應用心理學之父威廉·詹姆斯教授已經去世 38 年了，假如他還活著，今天聽說了這個公式也一定會深為贊賞的，因為他曾說過：**「能接受既成事實，是克服隨之而來的任何不幸的第一步。」**

林語堂在《生活的藝術》裡也說過同樣的話。這位中國哲學家說：**「心理上的平靜能頂住最壞的境遇，能讓你煥發新的活力。」**這話太對了。接受了最壞的結果後，我們就不會再損失什麼了。這就意味著失去的一切都有希望回來了。

事實上，也是如此。因為只要我們接受了最惡劣的事實之後，心情就篤定了。於是，不再患得患失……

卡瑞爾也說，「因此，我十分沉著，冷靜地使事情有了轉機。」事實就是如此！

然而，難以數計的人們卻因憤怒、焦慮以致混亂，而終於在自己的人生舞台上一蹶不振！追根究柢，就是因為「沒有接受不幸事實的決心而只有惶惑與束手無策！」

苦苦迎戰的結果，就成了憂慮症的俘虜了。

卡瑞爾公式的見證

你是否願意看看其他人對卡瑞爾公式的運用實例？

【第一個案例】是我班上的一名學生，目前他是紐約的油商。

「我被勒索了！」他說。「我不相信會有這種事。簡直是電影裡的鏡頭！事情是這樣的：我主管的石油公司裡有些運油司機把應該給顧客的定量油偷偷克扣下來賣掉。一天，一個自稱是政府調查員的人來找我，向我要紅包。他說他掌握了我們運貨員舞弊的證據。他威脅說，如果我不答應的話，他就把證據轉交給地方檢查官。這時我才知道公司存在這種非法的買賣。

「當然這與我個人沒有什麼關係，但我知道法律有規定，公司必須為自己職工的行為負責。而且，萬一案子打到法院，上了報，這種壞名聲就會毀了我的生意。我為自己的生意驕傲——那是父親在 24 年前打下的基礎。

「當時我急得生了病，整整三天三夜吃不下睡不著。我一直在這件事裡打轉轉。我是該付那筆錢——5000 美金——還是該對那個人說，你想怎麼幹就怎麼辦吧。我一直拿不定主意，每天都做惡夢。

「星期天晚上。我隨手拿起一本關於憂慮的書，這是我去聽卡耐基公開講演時拿到的。我讀到威利・卡瑞爾的故事時看到這些話：

『面對最壞的情況。』於是我向自己提問：『如果我不給錢，那些勒索者把證據交給地檢處的話，可能發生的最壞情況是什麼呢？』

「答案是：『毀了我的生意──僅此而已。我不會被抓起來，僅僅是我被這件事毀了。』於是，我對自己說：『好了，生意即使毀了，但我在心理上可以承受這一點，接下去又會怎麼樣呢？』

「嗯，生意毀掉之後，也許我得另找個工作。這也不難，我對石油行業很熟悉──幾家大公司也許會雇用我……我開始感覺好過多了。三天三夜以來的那種憂慮也開始逐漸消散。我的情緒基本穩定下來，當然也能開始思考了。

「我清醒地看到了下一步──改善不利的處境。我思考解決辦法的時候，一個嶄新的局面展現在我的面前。如果我把整個情況告訴我的律師，他也許能找到一條我沒有想到的新路。我過去一直沒有想到這一點，這完全是因為我只是一直在擔心而沒有好好地思考。我立即打定主意──第二天一早就去見我的律師──接著我上了床，睡得安安穩穩。

「第二天早上。我的律師讓我去見地方檢察官，把整個情況全部告訴他。我照他的話做了，當我說出原委後，出乎意料地聽到地方檢

察官說，這種勒索已經連續幾個月了，那個自稱是『政府官員』的人，其實是個警方的通緝犯。在我為無法決定是否該把 5000 美元交給那個職業罪犯而擔心了三天三夜之後，聽到他這番話，真是長長地鬆了口氣。

「這次經歷給我上了終身難忘的一課。現在，每當我面臨會使我憂慮的難題時，『卡瑞爾的公式』就會派上用場。」

【第二個案例】是住在麻省曼徹斯特市溫吉梅爾大街 52 號的厄爾·哈利一九四八年 11 月 17 日在波士頓史蒂拉大飯店親口告訴我關於他自己的故事：

「在 20 年代，我因常常發愁得了胃潰瘍。一天晚上，我的胃出血了，被送到芝加哥西比大學的醫學院附屬醫院，體重也從 170 磅降到了 90 磅。我的病非常嚴重，以致於醫生連頭都不許我抬。醫生們認為我的病是無藥可救了。我只能吃蘇打粉，每小時吃一匙半流質的東西。每天早晚護士都用一條橡皮管插進我的胃裡，把裡面的東西洗出來。

「這種情況持續了幾個月……最後，我對自己說：『你睡吧，哈

利。如果你除了等死之外沒有什麼其他的指望的話，不如充分利用利用你餘下的生命。你一直想在你死之前周遊世界，如果你還有這個夢想，只有現在就去做了。

「當我告訴那幾位醫生我要去周遊世界的時候。他們大吃一驚。這是不可能的，他們警告說，他們從來沒有聽說過這種事。如果我去周遊世界，我就只有葬在海裡了。『不，不會的，』我說。『我已答應過我的親友，我要葬在雷斯卡州我們老家的墓園裡，所以我打算隨身帶著棺材。』

「我買了一具棺材。把它運上船，然後和輪船公司商定，萬一我死了，就把我的屍體放在冷凍倉中，直到回到我的老家。我踏上了旅程，心裡默唸著奧登的那首詩：

啊，在我們零落為泥之前，

豈能辜負這一生的娛歡？

物化為泥，永寐於黃泉之下，

沒酒、沒弦、沒歌伎、而且沒有明天。

「我從洛杉磯登上亞當斯總統號向東方航行時，已經感覺好多了。漸漸地，我不再吃藥，也不再洗胃了。不久之後，任何食物我都

能吃了——甚至包括許多奇特的當地食品和調味品，這些都是別人說我吃了一定會送命的東西。幾個星期過去了，我甚至可以抽長長的黑雪茄，喝幾杯老酒。多年來我從未這樣享受過。我們在印度洋上碰到季風，在太平洋上遇到颱風，可我卻從這次冒險中得到了很大的樂趣。

「我在船上玩遊戲、唱歌、交新朋友，晚上聊到半夜。到了中國和印度之後，我發覺自己回去後要料理的私事，與在東方看到的貧困和飢餓相比，真是天壤之別。我拋棄了所有無聊的憂慮，覺得非常舒服。回到美國後，我的體重增加了 90 磅，幾乎完全忘記我曾患過胃潰瘍。一生中我從未感到這麼舒服、健康。

「厄爾‧哈利告訴我，他發覺自己在潛意識中運用了威爾斯‧卡瑞爾克服憂慮的辦法。

「首先，我問自己：『可能發生的最壞情況是什麼？』答案是：『大不了，就是死亡。』第二、我讓自己準備好迎接死亡。我不得不這樣，因為我別無選擇，幾個醫生都說我沒有希望了。第三，我想方設法改善這種狀況。辦法是：『儘量享受剩下的這一點點時間』……」他繼續說：「如果我上船後繼續憂慮下去，毫無疑問我會

躺在棺材裡結束這次旅行。可是，我完全放鬆，忘記所有的煩惱，而這種心理平衡，使我產生了新的活力，拯救了我的生命。」

現在要建議你的是：如果你有憂慮，就應用威爾斯‧卡瑞爾的萬靈公式，做下面三件事；

一、問你自己：「可能發生的最壞情況是什麼？」

二、如果你不得不如此，你就做好準備迎接它。

三、鎮定地想方設法改善最壞的情況。

商人都是死於憂慮，不是死於忙碌

得過諾貝爾醫學獎的柯爾瑞博士說：「窮於應付憂慮的商人，注定要早死！」其實，何止是商人，上班族，家庭主婦、獸醫和泥瓦匠也都是如此。

幾年前，我度假時，和聖塔菲鐵路的醫務處長郭伯爾博士談到了憂慮對人的影響，他說：「找醫生看病的病人中，有 70%，只要能夠消除他們的恐懼和憂慮，病自然就會好起來。不要誤會他們是自以為生了病，實際上，他們的病都像你有一顆蛀牙一樣確實，有時甚至還要嚴重一百倍。如神經性消化不良、某些胃潰瘍、心臟不舒服、失眠症、一些頭痛症以及某些麻痺症等。這些病都是真病。」郭伯爾博士說：「我說這些話是有根據的，因為我自己就得過 12 年的胃潰瘍。恐懼使人憂慮，憂慮使人緊張、從而影響到人的胃部神經。使胃液由正常變為不正常，因而產生胃潰瘍。」

曾寫過《神經性胃病》一書的約瑟夫·馬坦格博士也說過同樣的話。他指出，「胃潰瘍的產生，不在於你吃了什麼，而在於你憂慮什麼。」

梅育診所的法瑞蘇博士認為：「胃潰瘍通常根據人情緒緊張的程度而發作或消失。」這種看法。在研究了梅育診所 15000 名胃病患者

的紀錄之後得到證實。有 4/5 的病人得胃病並非是生理因素，而是恐懼、憂慮、憎恨、極端的自私以及對現實生活的無法適應。根據《生活》雜誌的報導，胃潰瘍現居死亡原因名單的第十位。

梅育診所的哈羅德‧海本博士在全美工業界醫師協會的年會上宣讀過一篇論文，說他研究了 176 位平均年齡在 44.3 歲的工商業負責人。大約有 1/3 強的人由於生活過度緊張而引起心臟病或消化系統胃潰瘍或高血壓。

想想看，三分之一的企業家在尚未達到 45 歲時，就為了心臟病、胃潰瘍或高血壓所折磨。人們為了飛黃騰達的地位，卻賠上了如此高的代價！是否值得呢？

憂慮是「百病之源」！

　　想想看，在我們工商業的負責人中有 1/3 的人都患有心臟病、胃潰瘍和高血壓，而他們還不到 45 歲，成功的代價是多麼高呀！就算他能贏得全世界，卻損失了自己的健康，對他個人來說，又有什麼好處呢？即使他擁有全世界，每次也只能睡在一張床上，每天也只能吃三頓飯。就是一個挖水溝的人，也能做到這一點，而且還可能比一個有權力的公司負責人睡得更安穩，吃得更香。我情願做一個在阿拉巴馬州租田耕種的農夫，也不願意在不到 45 歲時，就為了要管理一個鐵路公司，或是一家香煙公司，而毀掉自己的健康。

　　說到香煙，一位世界最知名的香煙製造商，最近在加拿大森林中想輕鬆一下的時候，突然心臟病發作死了。他擁有幾百萬元的財產，卻在 61 歲時就死了。他也許是犧牲了好幾年的生命，換取所謂「事業上的成功」。在我看來，他的成功還不及我父親的一半。我爸爸是密蘇里州的農夫，一文不名，卻活到了 89 歲。

　　著名的梅育兄弟宣布，他們有一半以上的病人患有神經病。可是，在強力顯微鏡下，以最現代的方法檢查他們的神經時，卻發現大

部分都是非常健康的。他們「神經上的毛病」不是因為神經本身有什麼反常，而是因為情緒上的悲觀、煩躁、焦急、憂慮、恐懼、挫敗和頹喪等等。柏拉圖說過：「醫生所犯的最大錯誤在於，他們只治療身體，不醫治精神。但精神和肉體是一體的，不可分開處置。」

醫藥科學界花了 2300 年的時間才明白這個道理，一門嶄新的醫學「心理生理醫學」開始發展，對精神和肉體同時治療。現在醫學已經消除了可怕的、由細菌引起的疾病——比如天花、霍亂等種種曾把數以百萬計的人埋進墳墓的傳染病。可是醫學界還不能治療生理心理上那些不是由細菌引起的，而是由於情緒上的憂慮、恐懼、憎恨、煩躁以及絕望所引起的病症。這種情緒性疾病所引起的災難正日益加重，日漸廣泛，而且速度又快得驚人。

醫生估計：現在還活著的美國人，每 20 個就有一個人在某段時期得過精神病。第二次世界大戰時應召的美國年輕人，每 6 個人中就有一個因為精神失常而不能服役。

什麼是精神失常的原因？沒有人知道全部答案。可是在大多數情況下極可能是由恐懼和憂慮造成的。焦慮和煩躁的人多半不能適應現

實而跟周圍的環境斷絕所有的關係，退縮到他自己的幻想世界，借此解決他所有的憂慮。

　　愛德華‧波多斯凱博士所著的《除憂去病》一書中，有以下幾章的題目——

‧憂慮對心臟的影響。

‧憂慮造成高血壓。

‧憂慮可能導致風濕症。

‧為了你的胃減少憂慮。

‧憂慮會使你感冒。

‧憂慮和甲狀腺。

‧憂慮的糖尿病患者。

　　另外一本談憂慮的好書，是梅育兄弟中的卡爾‧梅林傑博士的《自找麻煩》。這本書不會告訴你避免憂慮的規則，可是卻能告訴你一些很可怕的事實，讓你看清楚人們是怎樣用憂慮、煩躁、憎恨、懊悔等情緒來傷害身心健康的。

憂慮是無形殺手

憂慮甚至會使最堅強的人生病。在美國南北戰爭的最後幾天裡，格蘭特將軍發現了這一點。故事是這樣的：格蘭特圍攻瑞其蒙達九個月之久，李將軍手下衣衫不整，飢餓不堪的部隊被打敗了。

有一次，好幾個兵團的人都開了小差，其餘的人在他們的帳篷裡祈禱──叫著、哭著，看到了種種幻象。眼看戰爭就要結終了，李將軍手下的人，放火燒了瑞其蒙的棉花和煙草倉庫，也燒了兵工廠。然後，在烈焰升騰的黑夜裡棄城而逃。格蘭特乘勝追擊，從左右兩側和後方夾擊南部聯軍，騎兵從正面截擊。

由於劇烈頭痛而眼睛半瞎的格蘭特無法跟上隊伍，就停在一家農戶前。「我在那裡過了一夜」，後來，格蘭特在自己的回憶錄中寫道：「把我的雙腳泡在加了芥末的冷水裡，還把芥末藥膏貼在我的兩個手腕和後頸上。希望第二天早上能復原。」

第二天早上，他果然復原了。可是，使他復原的，不是芥末膏藥，而是一個帶回李將軍降書的騎兵。「當那個軍官（帶著那封信）到我面前時」，格蘭特寫道：「我的頭還疼得很厲害，可我看了那封信後，立刻就好了。」顯然，格蘭特是因為憂慮、緊張和情緒上的不安才生病的。一旦在情緒上恢復了自信，病就馬上好了。

在羅斯福內閣中擔任財政部長的亨利‧摩根‧傑尼亞在他的日記裡寫道：羅斯福為了提高小麥價格，一天之內購買了 440 萬蒲式耳的小麥，這使他非常擔心。「在這件事沒有結果之前，我覺得頭暈眼花。回到家裡，我在午飯後睡了兩小時。」

假如我想看著憂慮對人會有什麼影響，那我不必到圖書館找文字記載，而只需坐在家裡望望窗外，就會發現那座樓房裡有個人已經因為憂慮患後糖尿病，另一間房子裡有個人精神已經崩潰。

康乃爾大學醫學院的羅斯爾‧西勒博士是世界著名的關節炎治療權威，他列舉了四種最容易得關節炎的情況：

（一）婚姻破裂。　（二）財務上遇到難關。

（三）寂寞和憂慮。　（四）長期的憤怒。

當然，這四個主要原因並不是關節炎的唯一成因，但它們是最常見的成因。我的一個朋友在經濟蕭條時遭受很大損失，煤氣公司停止向他供應煤氣，銀行沒收了他抵押的房產。他的夫人便患了關節炎，發病突然，多方治療仍不見效，直到他的經濟狀況好轉，她的病才算康復。

聰明女子的選擇

擁有英印混血風味的美女明星，早期她所主演的膾炙人口的電影〈黑暗天使 1935 年〉〈咆哮山莊 1939 年〉的梅爾奧白朗，就曾經告訴我她絕對不會憂慮，因為憂慮會摧毀她在銀幕上的主要資本──美貌。她告訴我說：

「我剛開始打進影壇時，既擔心又害怕。我剛從印度回來，在倫敦沒有一個熟人。我見過幾個製片人，沒有一個肯用我。我僅有的一點兒錢漸漸用光了，整整兩個星期，我只靠一點餅乾和水充飢。我對自己說：『也許你是個傻子，你永遠也不可能闖進電影界。你沒有經驗，沒演過戲，除了一張漂亮的臉蛋，你還有些什麼呢？』

我照了照鏡子。突然發覺到憂慮時我容貌的影響。看見憂慮造成的皺紋，看見焦慮的表情，我對自己說：『你必須立即停止憂慮。你能奉獻的只有容貌，而憂慮會毀掉它的。』」

沒有什麼會比憂慮令女人老得更快，並能摧毀她的容貌的了。憂慮會使我們的表情難看，會使我們咬緊牙關，會使我們臉上出現皺紋，會使我們總顯得愁眉苦臉，會使我們頭髮灰白，甚至脫落，憂慮會使你臉上出現雀斑、潰瀾和粉劑……等等。

不是微笑戰勝癌症，而是停止憂慮戰勝了它

有智慧的人，不會為失去的事物，做無謂的憂傷，他會積極地想辦法減輕傷害。

——莎士比亞

面對它、接受它、處理它、放下它。

——聖嚴法師

我相信很多讀者都會有像歐嘉・佳薇的那種意志力和內在的力量。她住在愛達荷州，在最悲慘的情況下發現自己還能夠克服憂慮。

「八年半前，醫生宣告我將不久於人世，會很慢、很痛苦地死於癌症。國內最有名的醫生梅育兄弟證實了這個診斷。我走投無路，死亡就要撲向我。我還年輕，我不想死。絕望之餘，我給我的醫生打電話告訴他我內心的絕望。他有些不耐煩地攔住我說：『歐嘉，你怎麼了？難道你一點鬥志也沒有了嗎？你要是一直這樣哭下去的話。毫無疑問，你一定會死的。不錯，你確實是碰上了最壞的情況。要面對現實，不要憂慮，然後再想點辦法。』就在那一剎那，我發了一個誓，我的態度嚴肅得指甲都深深地掐進肉裡，而且背上一陣發冷：『我不會再憂慮了，我不會再哭泣了。如果還有什麼需要我常常想起的，那

就是我一定要贏，我一定要活下去！』

「在不能用鐳照射的情況下，我每天只能用 x 光照射 10 分半鐘，連續照 13 天。但醫生每天為我照 14 分半鐘，連續照了 49 天。雖然我的骨頭在我削瘦的身體上猶如荒山邊上的岩石，雖然我的兩腳重得像鉛塊。我卻不憂慮，也沒哭過一次。我面帶微笑，不錯，我的確是勉強自己微笑。

「我不會傻到以為只要微笑就能治療癌症。可我確信，愉快的精神狀態將有助於抵抗身體的疾病。總之，我經歷了一次治癒癌症的奇蹟。在過去幾年裡，我從未像現在這樣健康過，這都多虧了這句富於挑戰性和戰鬥性的話：**面對現實。不要憂慮，然後再想點辦法。**」

恐懼才是劊子手

　　古時候，殘忍的將軍折磨俘虜時，常常把俘虜的手腳綁起來，放在一個不住地往下滴水的袋子下面。水滴著⋯⋯滴著⋯⋯夜以繼日，最後，這些不停地滴落在頭上的水，變成似乎是槌子在敲擊的聲音，使那些俘虜精神失常。這種折磨的辦法，西班牙宗教法庭和納粹德國集中營都曾使用過。

　　憂慮就像不停地往下滴的水，而那不停地往下滴、滴、滴的水，通常會使人精神失常以至自殺。

　　我小時候聽牧師形容地獄的烈火曾經被嚇得半死，可是他卻從來沒有提到，我們此時此地由憂慮帶來的生理痛苦的地獄烈火。比如說，如果你長期憂慮下去的話，你總有一天會得到最痛苦的病症——狹心症。

　　啊，要是發作起來，會使你痛得尖叫。與你的尖叫比起來，但丁的《地獄篇》聽起來簡直是「兒童玩具園」了。到那時，你就會對自己說：「噢，上帝啊！要是我能好的話，我永遠也不會再為任何事憂慮了——永遠也不會了。」

　　你愛生命嗎？你想健康、長壽嗎？下面就是你能做到的方法。我引用柯爾瑞博士的一句話：「在現代城市的混亂中，只有能保持內心

平靜的人才不會變成神經病。」

　　你能否在現代城市的混亂中保持自己內心的平靜呢？如果你是一個正常人，答案應該是：「可以的」「絕對可以」。我們大多數人，實際上都比我們所認識的更堅強。我們有許多從來沒有發現的內在力量，正如梭羅在他的不朽名著《獄卒》中所說的：「我不知道有什麼會比一個人能下定決心提高他的生活能力更令人振奮的了……如果一個人，能充滿信心地朝他理想的方向努力，下定決心過他想過的生活，他就一定會得到意外的成功。」

　　因此，抗拒憂慮你應該知道的幾個基本規則：

　　〔規則一〕如果你想避免憂慮。就照威廉‧奧斯勒博士的話──生活在「完全獨立的今天」裡，不要為未來（明天）擔憂，只要好好過今天這一天。

　　〔規則二〕下次你再碰上麻煩，不論大小──被逼在一個角落的時候，試試卡瑞爾的萬靈公式：

　　（一）問你自己，「如果我不能解決我的困難，可能發生的最壞
　　　　　情況是什麼？」

（二）自己先做好接受最壞情況的心理準備——如果必要的話。

（三）鎮定地去改善最壞的情況——也就是你已經在精神上決定可以接受的那種。

〔規則三〕常常提醒自己，憂慮會使你付出自己的健康的代價，「不知道怎樣抗拒憂慮的人，都會短命。」

第二章

你到底在憂慮什麼？

人因為混亂才會產生憂慮

如果我們把憂慮的時間用來分析和看清事實，那麼憂慮就會在我們智慧的光芒下消失。前面提到的卡瑞爾的萬能公式，能否解決所有令你憂慮的問題呢？當然不可能。

那麼應該怎麼辦呢，答案是：我們一定要掌握以下三個分析問題的基本步驟，來解決各種不同的困難。這三個步驟是：（一）認清事實。（二）分析事實。（三）作出決定──然後照辦。

太簡單了吧？不錯，這是亞里士多德說的。他也使用過。我們如果想解決那些逼迫我們，使我們像日夜生活在地獄一般的憂慮問題，我們就必須運用它。

我們先來看第一：認清事實。認清事實為什麼如此重要呢？因為除非我們能把事實看清楚，否則就不能很聰明地解決問題。看不清事實，我們就只能在混亂中摸索。這是已故的哥倫比亞大學哥倫比亞學院院長哈佛特・豪克所說的，他曾協助過 20 萬個學生消除憂慮。

他告訴我說：「混亂是產生憂慮的主要原因。」他說，世界上的憂慮，大多數是因為人們沒有足夠的知識作出決定而產生的。「比如說，我有一個問題必須在下星期二以前解決，那麼在下星期二之前，我根本不會試圖作出什麼決定。在這段時間裡，我只是集中精力去尋

找有關這個問題的所有事實，因此我不會憂慮，不會失眠。等到星期二，如果我已經看清了所有的事實，一般說來，問題本身就會自然而然迎刃而解了。」

我問豪克院長，這是否表明他已完全擺脫憂慮？他說：「是的，我想我現在生活裡完全沒有憂慮。我發覺，一個人如果能夠把他所有的時間都花在以一種很超然、很客觀的態度去看清事實上，他的憂慮就會在他知識的光芒下消失的無影無蹤。」

可是我們大多數人的怎樣做呢？如果我們一直假定 2＋2＝5。那不是連做一道二年級的算術題也有困難了嗎？可是事實上世界上有很多很多人，硬是堅持說 2＋2＝5——或者是等於 500——害得自己和別人的日子都很不好過。

對此，我們能怎麼辦呢？我們得把感情成分擯棄於思想之外，就像郝基斯院長所說的。我們必須以「超然、客觀」的態度去認清事實。人們憂慮的時候，往往情緒激動。不過，我找到兩個辦法有助於我們以清晰客觀的態度看清所有的事實：

一、在收集事實時，我假裝不是在為自己，而是在為別人。這樣就可以保持冷靜而超然的態度，也可以幫助自己控制情緒。

　　二、在收集造成憂慮的各種事實時，我也收集對自己不利的事實——那些有損我的希望，和我不願意面對的事實。

　　然後，我把這一邊和另一邊的所有事實都寫出來——而真理就在這兩極的中間。

　　這就是我要說明的要點。如果不先看清事實的話，你、我、愛因斯坦，甚至美國最高法院，也無法對任何問題做出很聰明的決定。愛迪生很清楚這一點。他死後留下了 2500 本筆記本，裡面記滿了他面臨各種問題的事實。

　　所以，解決我們問題的第一個辦法就是：看清事實，在沒有以客觀態度收集全部事實之前，不要先考慮如何解決問題。不過，即使把全世界所有的事實都收集起來，如果不加以分析，對我們也沒有絲毫好處。

　　根據我個人的體會，先把所有的事實寫下來。第二：再做分析，事情就會容易得多。實際上，單是在紙上把問題明明白白地寫出來，就可能有助於我們第三：做出一個合理的決定。正如查爾斯‧凱特林所說的：「只要能把問題講清楚，問題就已經解決了一半。」

把你的煩惱列出來吧！

就拿理查來說——他是一個在遠東地區非常成功的美國商人。一九四二年，日軍侵入上海，理查先生正在中國。他告訴我說：「日軍轟炸珍珠港後不久就占領了上海。我當時是上海亞洲人壽保險公司的經理。日軍派來一個所謂『軍方的清算員』——實際上他是個海軍上將——命令我協助他清算我們的財產。我一點辦法也沒有，要麼就和他們合作，要麼就是死路一條。」

我開始遵命行事，因為我別無他法。不過有一筆大約 75 萬美元的保險費，我沒有填在那張要交出去的清單上，因為這筆錢用於我們的香港公司，跟上海公司的資產無關。不過，我還是怕萬一日本人發現此事，我的處境會非常不利。他們果然很快就發現了。

他們發現時我不在辦公室，我的會計主任在場，他告訴我說，那個日本海軍上將大發脾氣，拍桌子罵人，說我是個強盜，是個叛徒，說我侮辱了日本皇軍。我知道這是什麼意思，我知道我會被他們抓進憲兵隊去。

憲兵隊，就是日本秘密警察的行刑室。我有幾個朋友就是寧願自殺也不願意被送到那個地方去。有些朋友在那裡被審訊了十天，受盡苦刑，慘死在那個地方。現在我自己也要進憲兵隊了。

星期天下午聽到這個消息後，我非常緊張。多年來，每當我擔心的時候，總坐在打字機前，打下兩個問題及其答案。兩個問題是：

一、我擔心的是什麼？

二、我該怎麼辦？

過去我都不把答案寫下來，只在心裡琢磨。後來我發現同時把問題和答案都寫下來，能使思路更加清淅。所以，在那個星期天下午，我直接回到上海基督教青年會的住處，取出我的打字機，打下：

一、我擔心的是什麼？

我怕明天早上會被關進憲兵隊裡。

二、我該怎麼辦呢？

我花了幾個小時想著這個問題，寫下了四種可能採取的行動以及可能的後果。

（一）我可以去向日本海軍上將解釋。可是他『不懂英文』，如果找個翻譯來跟他解釋，會使他更加惱火，我就只有死路一條了。

（二）我可以逃走。這點是不可能的，他們一直在監視我，如果打算逃走的話，很可能被他們抓住而槍斃掉。

（三）我可以留在我的房間裡不再去上班。但如果我這樣做，那
　　　個海軍上將很可能會起疑心，也許會派兵來抓我，根本不
　　　給我說話的機會就把我關進憲兵隊了。

（四）星期一早上，我照常上班。那個海軍上將可能正在忙著，
　　　忘掉了那件事。即使他還記得，也可能已經冷靜下來，不
　　　再找麻煩。即使他來吵，我仍然還有個機會解釋。

　　我前思後想，決定採取第四個辦法——像平常一樣星期一早上去
上班，然後，我鬆了口氣。

　　第二天早上我走進辦公室時，那個日本海軍上將就坐在那兒，叼
根香煙，像平常一樣地看了我一眼，什麼話也沒說。六個星期後他被
調回東京，我的憂慮就此告終。

　　這完全歸功於那個星期天下午我坐下來寫出各種不同的情況及其
後果，然後鎮定地做出決定。如果我當時遲疑不決、心亂如麻，就會
在緊要關頭走錯一步。僅是滿面驚慌和愁容就可能引起那個日本海軍
上將的疑心，促使他採取行動。

採取以下四個步驟，就能消除我 90%的憂慮：

一、清楚地寫下我所擔心的是什麼？

二、寫下我可以怎麼辦。

三、決定該怎麼辦。

四、馬上就照決定去做。

理查很誠懇地告訴我：他的成功應歸歸功於這種分析憂慮、正視憂慮的方法。

他的方法為什麼這麼好呢？因為它有效而又直攻問題的核心。而最重要的是第三步，也是最不可缺少的一步。決定該怎麼做，除非我們能夠立即採取行動，否則我們收集事實和加強分析都失去了作用──變得純粹是一種精力的浪費。

你煩惱的問題是什麼？

威廉・詹姆斯說：「一旦作出決定，當天就要付諸實施，同時要完全不理會責任問題，也不必關心後果。」（在這種情況下，他無疑把「關心」當作是「焦慮」的同義詞。）他的意思是，一旦你以事實為基礎，作出一個很謹慎的決定，就立即付諸行動，不要停下來再重新考慮；不要遲疑、擔憂和猶豫；不要懷疑自己；不要回頭看。

我問一位奧克拉荷馬州最成功的石油商人懷特・菲利浦，如何把決心付諸行動。他回答說：「我發現，如果超過某種限度之後，還一直不停地思考問題的話，一定會造成混亂和憂慮。當調查和多加思考對我們無益的時候，也就是我們該下決心、付諸行動、不再回頭的時候。」

你何不馬上利用那位成功商人理查的方法，來解決你的憂慮呢？

第一個問題——我擔憂的是什麼？

第二個問題——我應該怎麼辦？

第三個問題——我決定怎麼做？

第四個問題——我什麼時候開始做？

如何減少事業上的憂慮

我們常花一兩個小時（甚至更長時間）開會討論問題，卻沒有人明白真正的問題是什麼。

如果你是個生意人，也許會認為：「這個標題真荒謬。我幹這行已經十幾年了，居然有人想要告訴我怎麼才能消除生意上 50%的麻煩——簡直是荒謬絕倫。」

這話一點也不錯。如果我在幾年前時目到這樣的標題，也會有這樣的感覺。這個標題好像能幫助你，實則不值一文。

讓我們開誠布公吧。也許我的確不能幫你解決生意上 50%的憂慮，從我剛才分析的結果來看，除了你自己，沒有人能做到這一點。

可是，我所能做到的是，讓你看看別人是怎樣做的，剩下的就要看你了。

前面曾經提過世界著名的柯爾瑞博士的這句話，「不知道怎樣克服憂慮的人，都會短命。」既然憂慮的後果如此嚴重，那麼，如果我能幫助你消除——即使是其中的 10%，節省了 70%過去用於開會、用於解決生意問題的時間。

當然，我不會告訴你那些根本無法證實的事情，這件事的主角是一個活生生的人——雷歐‧席姆金。多年來，他一直是西蒙出版社幾

個高層單位的主管之一，現任紐約州紐約市袖珍圖書公司的董事長。

　　下面就是他的經驗——

　　「15 年來，我幾乎每天都要花一半的時間開會和討論問題。會上大家很緊張，坐立不安、走來走去，彼此辯論、繞圈子。一天下來我感到筋疲力盡。如果有人對我說我可以減去開會時間的 3/4，可以消除 3/4 的神經緊張，我一定會認為他是痴人說夢。可是我卻制定出一個恰好能做到這一點的方案。這個辦法我已經用了 8 年。它對我的辦事效率、我的健康和我的快樂，都有意想不到的好處。

　　「下面就是我的秘訣：第一、我立即停止 15 年來我們會議中所使用的程序——我那些很惱火的同事先把問題的細節報告一遍，然後再問：『我們該怎麼辦？』第二、我訂下一個新的規矩——任何一個想要把問題給我的人必須先準備好一份書面報告，回答以下四個問題：

　　（一）究竟出了什麼問題？

　　　　　——以前我們常常花上一兩個小時，還沒人弄清楚真正的問題在哪裡。

（二）問題的起因是什麼？

　　──我吃驚地發現我浪費了很多時間，卻沒能清楚地找出造成問題的基本情況是什麼。

（三）這些問題可能有哪些解決辦法？

　　──過去會上一個人建議採用一種方法，另一個人會跟他辯論。辯論常常跑題，開完會也拿不出幾種辦法。

（四）你建議用哪種辦法？

　　──過去開會總是花幾個小時為一種情況擔心，不斷地繞圈子，從未想過最可行的方法，然後寫下來：這是我建議的解決方案。

「現在，我的部下很少把問題拿上來了。因為他們發現，在認真地回答了上述四個問題之後，最妥當的方案就會像麵包從烤箱中自動跳出來一樣。即使非討論不可，所花時間也不過是過去的 1/3，因為討論的過程有條理而且合乎邏輯，最後都能得到很明顯的結論。」

保險業精英的見證

法蘭克‧畢吉爾，這位美國保險業的巨子，運用類似方法，不僅消除了煩惱，而且增加了收入。

他說：「我剛開始推銷保險的時候，對自己的工作充滿了熱情。後來發生了一點事，使我非常氣餒。我開始看不起我的職業，幾乎都要辭職了——可是我突然想到一件事，在一個星期六的早晨，我坐下來，想找出我憂慮的根源。

一、我首先問自己：『問題到底是什麼？』我的問題：我拜訪過那麼多人，成績卻不理想。我和顧客談得好好的，可是最後快要成交時，他們就對我說：『我再考慮考慮，下次來再說吧。』我又得花時間去找他，這使我覺得很頹喪。

二、我問自己：『有什麼可行的解決辦法？』回答之前，我當然得先研究一下過去的情況。我拿出過去 12 個月的記錄本，仔細看看上面的數字。

我吃驚地發現，我所賣的保險，有 70%是在第一次見面時成交的；另外有 23%是在第二次見面時成交的；只有 7%，是在第三、第四、第五次……才成交。實際上，我的工作時間，幾乎有一半都浪費在那 7%的業務上了。

　　三、那麼答案是什麼呢？很明顯：我應該立刻停止第二次以後的拜訪，空出的時間用於尋找新的顧客。結果令人大吃一驚：在很短的時間內，我就把平均每次賺 2.70 元錢的成績提高到了 4.27 元。」

　　法蘭克・畢吉爾現在每年接近的保險業務都在 100 萬美元以上。可是他曾經想放棄他那份工作，幾乎就要承認失敗。結果呢，分析問題使他走上成功之路。

分析煩惱的具體辦法

　　前面說過；因為混亂才會產生煩惱，所以煩惱就像是一個迷宮，唯有清醒時才能找到它的出口──

　　總而言之，分析憂慮的基本規則：

　　〔**規則一**〕收集事實，記住豪克院長所說的：「世界上的憂慮，一半是因為人們在還沒有足夠的知識來做決定之前，就想做決定。」

　　〔**規則二**〕在仔細權衡所有事實之後，再做決定。

　　〔**規則三**〕一旦很謹慎地做出決定之後，就要立即行動去實現，不要為結果擔憂。

　　〔**規則四**〕當你或你的同事為某個問題憂慮時，請寫出下列問題和答案：

　　(1) 問題是什麼？

　　(2) 問題的起因是什麼？

　　(3) 所有可能解決的方法是什麼？

　　(4) 最好的解決方法是什麼？

第三章

讓憂慮無法走進你的生活！

踢開憂慮的黑色影子

　　我班上有個叫馬利安‧道格拉斯的學生告訴我，他家裡曾遭受過兩次不幸。第一次，他失去了五歲的女兒，一個他非常愛的孩子。他和妻子都以為他們沒有辦法承受這個打擊。更不幸的是，「10 月後，我們又有了另外一個女兒——而她僅僅活了 5 天」。

　　這接二連三的打擊使人幾乎無法承受，這位父親告訴我：「我睡不著，吃不下，無法休息或放鬆，精神受到致命的打擊，信心喪失殆盡。吃安眠藥和旅行都沒有用。我的身體好像被夾在一把大鉗子裡，而這把鉗子愈夾愈緊。」

　　「不過，感謝上帝，我還有一個 4 歲的兒子，他教給我們解決問題的方法。一天下午，我呆坐在那裡為自己難過時，他問我：『爸，你能不能給我造一條船呢？』我實在沒興趣，可這個小傢伙很纏人，我只得依著他。

　　「造那條玩具船大約花費了我三個小時，等做好時我才發現，這三個小時是我許多天來第一次感到放鬆的時段。

　　「這一發現使我大夢方醒，使我幾個月來第一次有精神去思考。我明白了，如果你忙著做費腦筋的工作，你就很難再去憂慮了。對我來說，造船就把我的憂慮整個沖垮了，所以我決定使自己不斷地忙

碌。

　　「第二天晚上，我巡視了每個房間，把所有該做的事情列成一張單子。有好些小東西需要修理，比方說書架、樓梯、窗簾、門把、門鎖、漏水的龍頭等等。兩個星期內，我列出了 242 件需要做的事情。

　　「從此，我使我的生活中充滿了啟發性的活動：每星期兩個晚上我到紐約市參加成人教育班，並參加了一些小鎮上的活動。現在任校董事會主席，還協助紅十字會和其他機構的募捐，我現在忙得簡直沒有時間去憂慮。」

　　沒有時間憂慮，這正是丘吉爾在戰事緊張到每天要工作 18 小時時說的。當別人問他是不是為那麼重的責任而憂慮時，他說：「我太忙了，我沒有時間憂慮。」

　　查爾斯・柯特林在發明汽車自動點火器時也碰到過這種情形。柯特林先生一直是通用公司的副總裁，負責世界知名的通用汽車研究公司，可是當年他卻窮得要用穀倉裡堆稻草的地方做實驗室。家裡的開銷全靠他妻子教鋼琴的 1500 美元酬金。我問他妻子在那段時間是否很憂慮，她說：「是的，我擔心得睡不著。可是柯特林先生一點也不擔心，他整天埋頭工作，沒有時間憂慮。」

　　偉大的科學家巴斯特曾說：「在圖書館和實驗室能找到平靜。」因為在那裡，人們都埋頭工作，不會為自己擔憂。做研究工作的人很少有精神崩潰的，因為他們沒有時間來享受這種奢侈。

　　心理學有一條最基本的定理：不論一個人多聰明，都不可能在同一時間內想一件以上的事情。如果你不相信，請靠坐在椅子上閉起雙眼，試著同時去想自由女神和你明天早上準備做的事情。

　　你會發現你只能輪流想其中的一件事，而不能同時想兩件事情。你的情感也是如此。我們不可能既激動、熱誠地想去做一些很令人興奮的事情，又同時因為憂慮而拖延下來。一種感覺會把另一種感覺趕出去。這個簡單的發現，使軍隊的心理治療專家在戰爭中創造出這方面的奇蹟。

　　一些從戰場上退下來的人常患有「心理上的精神衰弱症」，軍醫就用「讓他們忙著」來治療。除睡覺外，每一分鐘都讓他們活動：釣魚、打獵、打球、拍照、種花以及跳舞等，根本不讓他們有時間去回想他們那些可怕的經歷。

　　「職業性的治療」是近代心理醫學的名詞，也就是把工作當作治病的藥。這種方法古希臘的醫生在公元前 500 年，就已經採用了。

富蘭克林時代，費城教友會也用這種辦法。1774 年有人去參觀教友會的療養院，發現那些患有精神病的病人正忙著紡紗織布後很吃驚，他認為病人在被迫勞動——後來教友會的人向他解釋說，他們發現那些病人只有在工作時，病情才能真正有所好轉，因為工作能安定神經，**保持忙碌是最好的麻醉劑。**

著名詩人亨利‧朗費羅的妻子不幸燒傷而去世後，他幾乎發瘋。幸好他有三個幼小的孩子需要他照料。父兼母職，他帶他們散步，給他們講故事，和他們一起嬉戲，並把他們父子間的感情永存在《孩子們的時間》一詩裡。他還翻譯了但丁神曲。忙碌使他重新得到了思想的平靜。就像丁尼生在最好的朋友亞瑟‧哈蘭死的時候，曾經說過：「我一定要讓自己沉浸在工作裡，否則我就會因絕望而煩惱。」

我們不忙的時候，頭腦裡常常會成為真空。這時，憂慮、恐懼、憎恨、嫉妒和羨慕等情緒就會填充進來，進而把我們思想中平靜的、快樂的成分都趕出去。

無所事事的人煩惱多

　　我們不忙的時候，頭腦裡常常出現真空狀態。每一個學物理的學生都知道，「自然界中沒有真空狀態。」一個白熱的燈泡一打破，空氣就立刻鑽進去，填上理論上說來是真空的那一塊空間。

　　你的頭惱空閑下來，也會有東西進去填空。是什麼呢？通常都是你的感覺，為什麼呢？因為憂慮、懼怕、憎恨、嫉妒和羨慕等情緒，都是由我們的思想所控制的，它們會把我們思想中所有平靜的、快樂的情緒都趕出去。

　　詹姆斯‧馬歇爾是哥倫比亞師範學院教育學的教授，他在這方面說得很好：「憂慮最能傷害你的時候，不是在你有所行動的時候，而是在一天的工作結束以後。這時你的想像力開始混亂，使你把每一個小錯誤都加以誇大。你的思想就像一輛沒有裝貨的車子橫衝直撞，撞毀一切，直至把自己也撞成碎片。消除憂慮的最好辦法，就是讓自己忙著幹任何有意義的事情」。

　　不是大學教授的人也會明白這個道理，也能付諸實驗。第二次世界大戰時，我曾在火車上遇到了一對家住芝加哥的夫婦。他們告訴我，他們的兒子在珍珠港事變的第二天參加了陸軍。那位夫人每天擔心兒子的生命安全幾乎到了損害自己身體健康的地步。

我問她，後來是怎麼克服憂慮的呢？她回答說：「我讓自己開始忙起來。」最初她把女佣辭退，想讓自己忙家務，可沒什麼效果。「原因是，我做家務時基本上是機械化的，完全不用腦子。所以當我鋪床、洗碟子的時候還是一直擔憂著。我發覺自己需要一個新的工作，使我在每天的每一個小時都讓整個身心忙碌不停。於是，我到一個大百貨公司去做售貨員」。

　　「這下好了，」她說。「顧客擠在我四周，問我價錢、尺寸、顏色等問題，沒有一秒鐘能讓我去想工作以外的事情。晚上，我只想如何才能讓雙腳休息一下。每天吃完晚飯後，我倒頭便睡，既沒有時間，也沒有體力再去憂慮。」

　　約翰‧考伯爾‧伯斯在《忘記不快的藝術》一書中說：「舒適的安全感、內在的寧靜和因快樂而反應遲鈍的感覺，都能使人類在專心工作時精神鎮靜。」

如果你憂慮就找點事來做吧！

　　世界最著名的女冒險家奧莎‧瓊森。16 歲結婚，25 年來，與丈夫一起周遊世界各地，拍攝亞洲和非洲逐漸絕跡的野生動物的影片。九年前他們回到美國，到處做旅行演講，放映他們那些有名的電影。他們在飛往西岸時，飛機撞了山，她丈夫當場身亡，醫生們說她永遠不能再下床了。可是，三個月之後，她卻坐著輪椅發表演講。當我問她為什麼這樣做的時候，她說：「我之所以這樣做，是讓我沒有時間再去悲傷和擔憂。」

　　海軍上將拜德在覆蓋著冰雪的南極小茅屋裡單獨住了五個月，方圓百里之內，沒有任何一種生物存在。氣候寒冷，連他的呼氣都被凍住了。在《一個人》一書中，他敘述了在既難熬又可怕的黑暗裡所過的那五個月的生活。他必須忙個不停才不至於發瘋。他說：「晚上熄燈之前，我就安排好第二天的工作。比如：一個小時去檢查逃生的隧道，半個小時去挖坑，兩個小時去修拖人用的雪橇……

　　能把時間分開安排，是非常有益的。它使我產生一種可以主宰自我的感覺。否則，日子就會過得沒有目的。而沒有目的，這些日子就會像平常一樣，最後變得分崩離析。

　　我認識紐約的一個企業家，他用忙碌來趕走那些「胡思亂想」，

使自己沒有時間去煩惱和憂慮。他叫屈伯爾・朗曼，也是我成人教育班的學生。他征服憂慮的經歷非常有意思，也非常特殊。所以，下課之後，我請他和我一起去吃夜宵，我們在一家餐廳中坐到深夜，談著他的那些經歷。下面就是他告訴我的一個故事──

　　十八年前，我因憂慮過度而患失眠症。當時我精神非常緊張，脾氣暴躁，而且很不穩定，我覺得我快要精神分裂了。

　　我如此憂慮是有原因的。我當時是紐約皇冠水果製品公司的財務經理。我們投資了 50 萬美元，把草莓包裝在一加侖裝的罐子裡。20年來，我們一直把這種一加侖裝的草莓賣給製造冰淇淋的廠商。後來有段時候，我們的銷售量大跌。那些大的冰淇淋製造商，像國家奶製品公司之類的，產量急劇增加。為了節省開支和時間，降低成本，他們都買 36 加侖一桶的桶裝草莓。

　　我們不僅無法銷售 50 萬美元的草莓，而且根據合約規定，在今後的一年之內，我們還必須繼續購買價值 100 萬美元的草莓。我們已經向銀行借了 35 萬美元，現在，既無法還清借債，也無法籌集到需要的款項，所以，我非常憂慮。

　　我趕到我們在加利福尼亞州華生維里的工廠裡，想要讓我們的總經理知道情況有所改變，我們可能面臨毀滅的命運。但他不肯相信，卻把這些問題的全部責任都歸罪於紐約公司那些可憐業務人員身上。

　　經過幾天的請求之後，我終於說服他不再按舊的方式包裝草莓，而把新的製品放到舊金山的新鮮草莓市場上賣。這樣做大致解決了我們大部分問題。按說我不該再憂慮了，可是，我仍然無法做到這一點。憂慮是一種習慣，而我已染上了這種習慣。

　　回到紐約之後，我又開始為每一件事憂慮。對在意大利購買的櫻桃、在夏威夷購買的鳳梨等等，我都非常緊張不安，睡不著覺。就像我剛剛說過的那樣，我簡直就快要精神崩潰了。

　　在絕望中，我換了一種嶄新的生活方式，從而治好了我的失眠症，也使我不再憂慮。我儘量使自己忙碌，忙到我必須付出所有的精力和時間，以致沒有時間去憂慮。過去，我每天工作 7 個小時，現在我開始每天工作 15 到 16 個小時。我每天清晨 8：00 就到辦公室，一直待到半夜。我承擔新的任務，負起新的責任。等我半夜回到家的時候，總是筋疲力盡地倒在床上，很快便進入夢鄉。

　　這樣過了差不多有三個月，我終於改掉憂慮的習慣，又重新回到

每天工作七到八個小時的正常情形。這件事發生在 18 年前，從那以後，我就沒有再失眠和憂慮過。

蕭伯納說得很好，他說：「讓人愁苦的秘訣就是，有空閑時間來想想自己到底快活不快活。」所以不必去想它。讓自己忙碌起來，你的血液就會開始循環，你的思想就會開始變得敏銳——讓自己一直忙著，這是世界上最便宜的一種藥，也是最好的一種。

要改掉你憂慮的習慣，第一條規則就是：

「讓自己不停地忙著。憂慮的人一定要讓自己沉浸在工作裡，否則只有在絕望中掙扎。」

不要因為小事就垂頭喪氣

這是新澤西州的羅伯特・摩爾告訴我的——

一九四五年 3 月，我在中南半島附近 276 英尺深的海下，學到了一生中最重要的一課。當時，我正在一艘潛水艇上。我們從雷達上發現一支日軍艦隊——一艘驅逐護航艦，一艘油輪和一艘布雷艦——朝我們這邊開來。我們發射了三枚魚雷，都沒有擊中。突然，那艘布雷艦直朝我們開來。（一架日本飛機，把我們的位置用無線電通知了它。）我們潛到 150 英尺深的地方，以免被它偵察到，同時作好應付深水炸彈的準備，還關閉了整個冷卻系統和所有的發電機器。

三分鐘後，天崩地裂。六枚深水炸彈在四周炸開。把我們直壓海底——276 英尺的地方。深水炸彈不停地投下，整整十五個小時，有 10～20 個就在離我們 50 英尺左右的地方爆炸——若深水炸彈距離潛水艇不到 17 英尺的話，潛艇就會炸出一個洞來。當時，我們奉命靜躺在自己的床上，保持鎮定。我嚇得無法呼吸，不停地對自己說：『這下死定了……』。潛水艇的溫度幾乎有 100 多度，可我卻怕得全身發冷，一陣陣冒冷汗。十五個小時後攻擊停止了，顯然那艘布雷船用光了所有的炸彈後開走了。這十五個小時，在我感覺好像有一千五

百萬年。我過去的生活一一在眼前出現，我記起了做過的所有的壞事和曾經擔心過的一些很無聊的小事。我曾擔憂過，沒有錢買自己的房子，沒有錢買車，沒有錢給妻子買好衣服。下班回家，常常和妻子為一點芝麻事吵架。我還為我額頭上一個小疤——一次車禍留下的傷痕——發過愁。

多年之前，那些令人發愁的事，在深水炸彈威脅生命時，顯得那麼荒謬、渺小。我對自己發誓，如果我還有機會再看到太陽和星星的話，我永遠不會再憂愁了。在這 15 個小時裡，我從生活中學到的，比我在大學念四年書學到的還要多得多。

我們一般都能很勇敢地面對生活中那些大的危機，卻常常被一些小事搞得垂頭喪氣。拜德先生也發覺了這一點。他手下的人能夠毫無怨言地從事危險而又艱苦的工作。「可是，我卻知道，有好幾個同房的人彼此不說話，因為懷疑別人把東西放亂，占了自己的地方。有一個講究空腹進食細嚼健康法的家伙，每口食物都要嚼 28 次。而另一個人一定要找一個看不見這家伙的位子坐著，才吃得下去飯。」

　　權威人士認為，「小事」如果發生在夫妻生活裡，還會造成「世界上半數的傷心人」。芝加哥的約瑟夫・沙巴斯法官，在仲裁過四萬多件不愉快的婚姻案件之後說到：**「婚姻生活之所以不美滿，最基本的原因，往往都是一些小事。」**

　　羅斯福夫人剛結婚時「每天都在擔心，因為她的新廚師做得很差。」可是如果事情發生在現在，「我就會聳聳肩膀把這事給忘了。」好極了，這才是一個成年人的做法。就連最專制的凱瑟琳女皇，對廚師做壞了飯也只是付之一笑。

　　一次，我們到芝加哥一個朋友家吃飯，分菜時他有些小事沒做好。大家都沒在意，可是他妻子卻馬上當著大家的面跳起來指責他：「約翰，你怎麼搞的！難道你就永遠也學不會分菜嗎？」她又對大家說：「老是一錯再錯，一點也不用心。」

　　也許他確實沒有做好，可我真佩服他能和他的妻子相處二十年之久。說心裡話，我寧願只吃一兩片抹上芥末的熱狗——只要能吃得舒服——也不願意一邊聽她囉嗦，一邊吃北京烤鴨。

不久，我和妻子邀請了幾個朋友來吃晚餐。客人快到時，妻子發現有三條餐巾和桌布顏色不配。她後來告訴我：

「我發現另外三條餐巾送去洗了。客人已到門口，我急得差點哭了出來。為什麼會有這麼愚蠢的錯誤讓它毀了我整個晚上？我突然想到，為什麼要毀了我呢？我走進去吃晚飯，決心享用一番。我情願讓朋友們認為我是一個比較懶散的家庭主婦，也不願意讓他們認為我是一個神經質的脾氣不好的女人。而且，據我所知，根本沒有一個人注意到那些餐巾。」

只要將你的看法做一點改變

　　我的朋友，作家荷馬・克羅伊告訴我，過去他在寫作的時候，常常被紐約公寓熱水燈的響聲吵得發瘋。「後來，有一次我和幾個朋友出去露營，當我聽到木柴燒得很旺時的響聲，我突然想到：這些聲音和熱水燈的響聲一樣，為什麼我會喜歡這個聲音而討厭那個聲音呢，回來後我告誡自己：火堆裡木頭的爆裂聲很好聽，熱水燈的聲音也差不多。我完全可以蒙頭大睡，不去理會這些噪音。結果，頭幾天我還注意它的聲音，可不久我就完全忘記了它。」

　　很多小憂慮也是如此。我們不喜歡一些小事，結果弄得整個人很沮喪。其實，我們都誇張了那些小事的重要性……

　　狄斯雷利說：「生命太短促了，不要再只顧小事了。」

　　「這些話，」安德烈・摩瑞斯在《本周》雜誌中說：「曾經幫助我解決了很多痛苦的事情。我們常常因一點小事，一些本該不屑一顧的小事，弄得心煩意亂……我們生活在這個世界上只有短短的幾十年，而我們浪費了很多不可能再補回來的時間，去為那些一年之內就會忘掉的小事發愁。我們應該把我們的生活只用於去觀注值得做的行動和感覺上。去想偉大的思想，去體會真正的感情，去做必須做的事

情。因為生命太短促了，不該再顧及那些小事。」

　　名人吉卜林和他舅舅打了維爾蒙有史以來最有名的一場官司。吉卜林娶了一個維爾蒙的女子，在布拉陀布造了一所漂亮房子，準備在那安度餘生。他的舅舅比提‧巴里斯特成了他最好的朋友。他們倆一起工作，一起遊戲。

　　後來，吉卜林從巴里斯特手裡買了一點地，事先商量好巴里斯特可以每季度在那塊地上割牧草。一天，巴里斯特發現吉卜林在那片草地上開了一個花園，他生起氣來，暴跳如雷，吉卜林也反唇相譏，弄得維爾蒙綠山上的天都黑了。

　　幾天後，吉卜林騎自行車出去玩時，被巴里斯特的馬撞在地上。這位曾經寫過「眾人皆醉，你應獨醒」的人也昏了頭，告了官，巴里斯特被抓了起來。接下去是一場很熱鬧的官司，結果使吉卜林攜妻永遠離開了美國的家，而這一切，只不過為了一件很小的事──牧草。

　　大家都知道：「法律不會去管那些小事。」所以，人也不應該為這些小事憂愁。

實際上，要想克服一些小事引起的煩惱，只要把看法和重點轉移一下就可以了——讓你有一個新的、開心點的看法。

哈瑞・愛默生・富斯狄克講過這樣一個故事：「在科羅拉多州長山的山坡上，躺著一棵大樹的殘軀。自然學家告訴我們，它曾經有過400多年的歷史。在它漫長的生命裡，曾被閃電擊中過14次，無數次狂風暴雨侵襲過它，它都能戰勝它們。但在最後，小隊甲蟲的攻擊卻使它永遠倒在地上。那些甲蟲從根部向裡咬，漸漸傷了樹的元氣。雖然它們很小，卻是持續不斷的攻擊。這樣一棵森林中的巨樹，歲月不曾使它枯萎，閃電不曾將它擊倒，狂風暴雨不曾將它動搖，卻因一小隊用大拇指和食指就能捏死的小甲蟲，終於倒了下來。」

我們不都像森林中那棵身經百戰的大樹嗎？我們也經歷過生命中無數狂風暴雨和閃電的擊襲，也都撐過來了，可是卻讓憂慮的小甲蟲咬噬——那些用大拇指和食指就可捏死的小甲蟲。

幾年前。我和懷洛明州公路局局長查爾斯・西費德先生，以及其他朋友一起去參觀洛克菲勒在提頓國家公園中的一棟房子。我的車轉

錯了一個彎，晚到了一個小時。西費德先生沒有鑰匙，所以他在那個
又熱又有好多蚊子的森林中等了整整一個小時。我們到的時候，在多
得可以讓聖人發瘋的蚊子中，西費德先生正在吹一支用折下的白楊樹
枝做成的小笛子，當作一個紀念品，紀念一個不在乎小事的人。

　　要在憂慮毀了你之前，先改掉憂慮的習慣，第二條規則就是：
　　不要讓自己因為一些應該丟開和忘掉的小事煩惱，要記住：生命
太短促了。

不幸的機率到底有多大

　　當我們怕被閃電擊死，怕坐的火車翻車時，想一想發生的機率，會少得把我們笑死。

　　我小的時候，心中充滿了憂慮。我擔心會被活埋，我怕被閃電擊死，還怕死後會進地獄。我怕一個叫詹姆懷特的大男孩會割下我的耳朵——像他威脅過我的那樣，我怕女孩子在我脫帽向他們鞠躬時會取笑我，我怕將來沒有一個女孩子肯嫁給我……我常常花幾個小時在想這些「驚天動地的大問題。」

　　日子一年年過去了，我發現我所擔心的事情中，有 99%根本就不會發生。現在我知道，無論哪一年，我被閃電擊中的機會，都只有三十五萬分之一。而活埋，即使是在發明木乃伊以前的日子裡——一千萬個人裡可能只有一個人被活埋。

　　然而，每 8 人裡就有一個人可能死於癌症。如果我一定要發愁的話，也應該為得癌症發愁——而不該去發愁被閃電擊死或遭到活埋。

　　事實上，我們很多成年人的憂慮也同樣的荒謬。如果我們根據概率評估一下我們的憂慮究竟值得不值得，我們 90％的憂慮就會自然消除了。

　　全世界最有名的保險公司——倫敦羅艾德保險公司——就靠大家

對一些根本很難發生的事情的擔憂，而賺進了幾百萬元。它是在和一般人打賭，不過被稱之為保險而已。實際上，這是以概率為根據的一種賭博。這家大保險公司已經有 200 年的優良歷史了，除非人的本性會有所改變，它至少還可以繼續維持 5000 年。而它只是將你保鞋子的險，保險的險，利用機率來向你保證那些災禍發生的情況，並不像一般人想像的那麼常見。

　　如果我們查查概率，就常常會因我們所發現的事實而驚訝。比如，如果我知道在 5 年以內，我就得打一場蓋茨堡戰役那樣激烈的仗，我一定會嚇壞了。我一定會想盡辦法去增加我的人壽保險費用；我會寫下遺囑，把我所有的財產變賣一空。我會說：「我可能無法活著熬過這場戰爭。所以我最好痛痛快快地活著。」但事實上，50 到 55 歲之間，每 1000 人中死去的人數和蓋茨堡戰役參戰的，163000 名士兵，每 1000 人中陣亡的人數相等。

還沒發生的不幸，幾乎都是來自人們的想像

　　喬治‧庫克將軍曾說：「幾乎所有的憂慮和哀傷，都來自人們的想像而並非來自現實。」

　　當我回顧自己過去的幾十年時，我發現我的大部分憂慮也是這樣產生的，詹姆‧格蘭特告訴我，他的經驗也是如此。

　　每次當他從佛羅里達批購水果時，腦子裡常有些怪念頭，像「萬一火車失事怎麼辦？」「萬一水果滾得滿地都是怎麼辦？」「萬一我的車過橋時那橋忽然塌了怎麼辦？」雖然這些水果都保過險，但他仍然擔心火車萬一晚點，他的水果賣不出去，他甚至懷疑自己因為憂慮過度得了胃潰瘍，因此去找醫生檢查。大夫告訴他，沒有別的毛病，就是過於緊張了。

　　「這時我才明白了真相」，他說，「我開始捫心自問：『詹姆，這麼多年來你處理過多少車水果？』答案是，『大概 25000 多車吧。』我又問：『這麼多年裡有多少車出過車禍？』答案是：『嗯——大概有五部。』我接著問：『你知道這是什麼意思嗎？概率是 1/5000！那你還有什麼好擔心的呢？』

　　「然後我對自己說：『橋說不定會塌的。』又問自己：『過去你究竟有多少車是因橋塌而損失的？』答案是：『一部也沒有，』我對

自己說：『你為了一座從來也沒有塌過的橋，為了 1/5000 的火車失事，居然會愁得患上胃潰瘍，不是太傻了嗎？』

「從此，我發覺自己過去很傻。於是我再也沒有為『胃潰瘍』煩惱過了。」

埃爾·史密斯在紐約當州長時，常對政客說：「讓我們看看記錄。」我們也可以學他的樣子，查一查以前的紀錄，看看我們這樣憂慮到底有沒有道理。這也正是當年佛萊德雷·馬克斯塔特害怕他自己躺在墳墓裡時所做的事情。

「一九四四年 6 月初，我躺在奧瑪哈海灘附近的一個散兵坑裡。我看著這個長方形的坑，對自己說：『這看起來就像一座墳墓。也許這就是我的墳墓呢。』晚上 11 點，到第四天還是第五天夜裡，我幾乎精神崩潰。我知道要是我不趕緊想辦法的話，我就會發瘋。於是我提醒自己，已經過了五個晚上了，而我還活得好好的。而且這一組人都活得好好的，只有兩個受了輕傷。而他們之所以受傷，並不是被德軍的炸彈炸到，而是被我們自己的高射炮碎片擊山。於是我在我的散兵坑上造了一個厚厚的木頭屋頂，使我不至於被碎彈片擊中。我告誡

自己：『除非炸彈直接命中，否則我死在這個又深又窄的坑裡幾乎是不可能的。』接著我算出直接命中率不到萬分之一。這樣想了兩三交之後，我平靜下來。後來就連敵機襲擊的時候，我也能睡得很安穩。

美國海軍也常用概率所統計的數字來鼓勵士氣。曾當過海軍的克萊德‧馬斯講過這樣一個故事：當他和他船上的伙伴被派到一艘油船上的時候，他們都嚇壞了。這艘油輪運的都是高單位汽油，他們認為，如果油輪被魚雷擊中，他們必死無疑。可是，海軍單位立即發出了一些很準確的統計數字，指出被魚雷擊中的 100 艘油輪裡，有 60 艘油輪沒有沉到海中。而沉下海的 40 艘，也只有 5 艘是在不到 5 分鐘就沉沒的。知道了這些數字之後，船上的人都感覺好多了，我們知道我們有的是機會跳下船。根據機率，我們不會死在這裡。」

要在憂慮毀了你之前，先改掉憂慮的習慣，第三條規則就是：讓我們看著以前的紀錄，讓我們根據機率問問自己，我現在擔心會發生的事，可能發生的機率究竟有多大？

如果無法避免，就要迎上前去

下面是我喜歡的心理學家威廉・詹姆斯所給的忠告：「要樂於承認事情就是如此，能夠接受發生的事實，就是能克服隨之而來的任何不幸的第一步。」奧勒岡州的伊麗莎白・康黎經過許多困難，終於學到了這一點。

「在慶祝美軍在北非獲勝的那天，我被告知我的侄子在戰場上失蹤了。後來，我又被告知，他已經死了。我的悲傷無以復加。在此之前，我一直覺得生活很美好。我熱愛自己的工作，又費勁帶大了這個侄子。在我看來，他代表了年輕人美好的一切。我覺得我以前的努力，現在正在豐收……現在，我整個世界都粉碎了，覺得再也沒有什麼值得我活下去了。我無法接受這個事實，悲傷過度，決定放棄工作，離開家鄉，把我自己藏在眼淚和悔恨之中。

「就在我清理桌子，準備辭職的時候，突然看到一封我已經忘了的信——幾年前我母親去世後這個侄子寄來的信。那信上說：『當然，我們都會懷念她，尤其是你。不過我知道你會支撐下去的。我永遠也不會忘記那些你教我的美麗的真理，永遠都會記得你教我要微笑。要像一個男子漢，承受一切發生的事情。』

「我把那封信讀了一遍又一遍，覺得他似乎就在我身邊，彷彿對

我說：『你為什麼不照你教給我的辦法去做呢？支撐下去，不論發生什麼事情，把你個人的悲傷藏在微笑下，繼續過下去。』

「於是，我對自己說：『事情到了這個地步，我沒有能力去改變它，不過我能夠像他所希望的那樣繼續活下去。』我把所有的思想和精力都用於工作，我寫信給前方的士兵——給別人的兒子；晚上，我參加了成人教育班——找出新興趣，結交新朋友。我不再為已經永遠過去的那些事悲傷。現在我的生活比過去更充實、更完整。」

已故的喬治五世，在他白金漢宮的房子裡掛著下面這幾句話，「教我不要為月亮哭泣，也不要因事後悔。」叔本華也說：「能夠順從，就是你在踏上人生旅途中最重要的一件事。」

顯然，環境本身並不能使我們快樂或不快樂，而我們對周圍環境的反應才能決定我們的感覺。

必要時，我們都能忍受災難和悲劇，甚至戰勝它們。我們內在的力量堅強得驚人，只要我們肯加以利用，它就能幫助我們克服一切。

已故的布斯‧塔金頓總是說：「人生的任何事情，我都能忍受，只除了一樣，就是瞎眼。那是我永遠也無法忍受的。」然而，在他六

十多歲的時候，他的視力減退，一隻眼幾乎全瞎了，另一隻眼也快瞎了。他最害怕的事終於發生了。塔金頓對此有什麼反應呢？他自己也沒想到他還能覺得非常開心，甚至還能運用他的幽默感。當那些最大的黑斑從他眼前晃過時，他卻說：「嘿，又是老黑斑爺爺來了，不知道今天這麼好的天氣，它要到哪裡去？」

塔金頓完全失明後，他說：「我發現我能承受我視力的喪失，就像一個人能承受別的事情一樣。要是我五個感官全喪失了，我也知道我還能繼續生活在我的思想裡。」為了恢復視力，塔金頓在一年之內做了 12 次手術，為他動手術的就是當地的眼科醫生。他知道他無法逃避，所以唯一能減輕他受苦的辦法，就是爽爽快快地去接受它。他拒絕住在單人病房，而住進大病房，和其他病人在一起。他努力讓大家開心。動手術時他盡力讓自己去想他是多麼幸運。「多好呀，現代科技的發展，已經能夠為像人眼這麼纖細的東西做手術了。」

一般人如果要忍受 12 次以上的手術和不見天日的生活，恐怕都會變成神經病了。可是這件事教會塔金頓如何忍受，這件事使他了解，生命所能帶給他的，沒有一樣是他能力所不及而不能忍受的。

我們不可能改變那些不可避免的事實，可是我們可以改變自己。

最厲害的人都懂人生就是「逆來順去」

寫這本書的時候。我曾採訪過一些美國著名的商人。給我印象最深的是，他們大都有能力接受無可避免的局面，這樣就能過無憂無慮的生活。假如他們沒有這種能力，他們就會全被過大的壓力壓垮。下面是幾個很好的例子。

創辦了遍布全美國連鎖商店的潘尼告訴我：「哪怕我所有的錢都賠光了，我也不會憂慮，因為我看不出憂慮可以讓我得到什麼。我盡可能把工作做好，至於結果就要看老天爺了。」

亨利・福特也告訴我一句類似的話：「碰到沒法處理的事情，我就讓它們自己解決。」

克萊斯勒公司總經理凱樂先生說：「如果我碰到很棘手的情況，只要想得出辦法解決的，我就去做。要是幹不成的，就乾脆忘了。我從不為未來擔心，因為沒人知道未來會發生什麼事情，而影響未來的因素太多。何必為它們擔心呢？」如果你說凱樂是個哲學家，他一定會非常困窘，因為他只是個出色的商人。但他這種想法，和古羅馬的大哲學家伊匹托塔斯的理論差不多，他告誡羅馬人：「快樂之道不是別的，就是不去為力所不及的事情憂慮。」

莎拉・班哈特，可算是深通此道的女子了。50 年來，她一直是

四大州劇院獨一無二的皇后，深受世界觀眾喜愛。她在 71 歲那年破產了，而且她的醫生波基教授告訴她必須把腿鋸斷。他以為這個可怕的消息一定會使莎拉暴跳如雷。可是，莎拉看了他一眼，平靜地說：「如果非這樣不可的話，那只好這樣了。」

她被推進手術室時，她的兒子站在一邊哭。她卻揮揮手，高高興興地說：「不要走開，我馬上就會回來。」去手術室的路上，她背她演過的台詞給醫生、護士聽，使他們高興，「他們受的壓力可大得很呢」。手術完成，健康恢復後，莎拉‧班哈特還繼續周遊世界，使她的觀眾又為她風靡了七年。

沒有人能有足夠的情感和精力，既抗拒不可避免的事實，又創造一個新的生活。你只能選擇一種，或者生活在那些不可避免的暴風雨之下彎下身子，或者，抗拒它而被折斷。

日本的柔道大師教育學生說「要像楊柳一樣地柔順，不要像橡樹一樣挺直。」

知道汽車的輪胎為什麼能在路上支持那麼久，能忍受那麼多的顛簸嗎？起初，創造輪胎的人想要創造一種輪胎，能夠抗拒路上的顛

簸。結果，輪胎不久就被切成了碎條。後來，他們製造了一種輪胎，可以吸收路上所碰到的各種壓力，可以「接受一切」。如果我們在多難的人生旅途上，也能承受各種壓力和所有顛簸的話，我們就能活得更長久，就能享受更順利的旅程。

如果我們不吸收這些，而去反抗生命中所遇到的挫折的話，我們就會產生一連串內在的矛盾，我們就會憂慮、緊張、急躁而神經質。

如果再退一步，我們拋棄現實社會的不快，退縮到一個我們自己的夢幻世界裡，那麼我們就會精神錯亂了。

有個叫威廉・卡賽柳斯的人講過下面這個故事：

「我加入海岸防衛隊不久，就被派到大西洋這邊管炸藥。我──一個賣小餅乾的店員，居然成了管炸藥的人！光是想到站在幾千幾萬噸 TNT 炸藥上，就把我連骨髓都嚇得凍住了。我只接受了兩天的訓練，而我所學到的東西使我內心更加恐懼。

我第一次承擔任務時，天又黑又冷，還起著霧。我奉命到新澤西州的卡又角輯碼頭負責船上的第五號艙。五個身強力壯而又對炸藥一無所知的碼頭工人，正將重 2000～4000 磅的炸彈往船上裝。每一個

炸彈都包含一噸的 TNT，足夠把那條舊船炸得粉碎。我怕得不行，渾身發抖，嘴發乾，膝蓋發軟，心跳加速。可我又不能跑開，那就是逃亡，不但我會丟臉，我的父母也會臉上無光，而且我可能因為逃亡而被槍斃，我只能留下來。在擔驚受怕、緊張了一個多小時之後，我終於能運用常識考慮問題了。我對自己說：就算被炸著了，又怎麼樣，你反正也沒有什麼感覺了。這種死法倒也痛快，總比死於癌症要好得多。這工作不能不做，否則要被槍斃，所以還不如做得開心些。

　　我這樣跟自己講了幾個小時後，開始覺得輕鬆了些。最後，我克服了自己的憂慮和恐懼，讓自己接受了那不可避免的情況。」

　　除了耶穌基督被釘在十字架以外，歷史上最有名的死亡是蘇格拉底之死了。即使 100 萬年以後，人類恐怕還會欣賞柏拉圖對這件事所作的不朽的描寫——也是所有的文學作品中最動人的一章。雅典的一些人，對打著赤腳的蘇格拉底又嫉妒又羨慕，給他找出一些罪名，把他審問之後處以死刑。當那個善良的獄卒把毒酒交給蘇格拉底時，對他說道：「對必然的事，姑且輕快地去接受。」蘇格拉底確實做到了這一點。他以非常平靜而順從的態度面對死亡，那種態度幾乎已經可

以算是聖人了。

「對必然的事，姑且輕快地接受。」這是在公元前 399 年說的。但在這個充滿憂慮的世界，今天比以往更需要這句話。

在過去的八年中，我專門閱讀了我所能找到的關於怎樣消除憂慮的每本書和每篇文章。在讀過這麼多報紙文章、雜誌之後，你知道我所找到的最好的一點忠告是什麼嗎？就是下面這幾句——紐約聯合工業神學院實用神學教授雷恩賀・紐伯爾提供的無價禱詞：

請賜我沉靜，去承受我不能改變的事；

請賜我勇氣，去改變我能改變的。

請賜我智慧，去判斷兩者的區別。

要在憂慮毀了你之前，先改掉憂慮的習慣，第四條規則是：

「適應不可避免的情況。」

把憂慮設定「到此為止」的界限

投資顧問專家理查斯‧羅伯和我聊過：

「我剛從德克薩斯州到紐約來的時候，身上只有 20000 美元，是朋友托我到股票市場投資用的。原以為我對股票市場懂得很多，可是我賠得一分也不剩。若是我自己的錢，我倒可以不在乎，可是我覺得把朋友的錢都賠光了是件很糟糕的事。我很怕再見到他們。可沒想到，他們對這件事不僅看得很開，而且還樂觀到不可想像的地步。

我開始仔細研究我犯過的錯誤。下定決心要在再次進股票市場前先學會必要的知識。於是，我和一位最成功的預測專家波頓‧卡瑟斯交上了朋友。他多年來一直非常成功，而我知道，能有這樣一番事業的人，不可能只靠機遇和運氣。

他告訴我一個股票交易中最重要的原則：我在市場上所買的股票，都有一個到此為止的限度，不能再賠的最低標準。例如，我買的是 50 元一股的股票。我馬上規定不能再賠的最低標準是 45 元。這也就是說，萬一股票跌價，跌到比買價低 5 元的時候，就立刻賣出去，這樣就可以把損失只限定在 5 元之內。

如果你當知購賣得很精明的話，你的賺頭可能平均在 10 元、25 元，甚至於 50 元。因此，在把你的損失限定在 5 元以後，即使你半

數以上判斷錯誤，也還能讓你賺很多的錢。我馬上學會了這個辦法，它替我的顧客和我挽回了不知幾千幾萬元錢。

　　後來我發現，『到此為止』的原則在其他方面也適用。我在每一件讓人憂慮和煩惱的事上，加一個『到此為止』的限制，結果簡直是太好了。

　　我常和一個很不守時的朋友共進午餐。他總是在午餐時間已過去大半以後才來。我告訴他，以後等你『到此為止』的限制是 10 分鐘，要是你在 10 分鐘以後才到的話，咱們的午餐約會就算告吹——你來也找不到我。」

　　我真希望在很多年以前就學會把這種限制用在我的缺乏耐心、我的脾氣、我的適應力、我的悔恨和所有精神與情感的壓力上。我常常告誡自己：「這件事只值得擔這麼一點點心，不能再多了。」

　　我在 30 歲出頭的時候，決定以小說寫作為終生職業，想做哈代第二。我充滿信心，在歐洲住了兩年，寫出一本傑作——我把那本書題名為《大風雪》。這個題目取得真好，因為所有出版家對它的態度，都冷得像呼嘯著刮過德可塔州大平原上的大風雪一樣。當我的經紀人告訴我這部作品不值一文，說我沒有寫小說的天賦和才能的時

候，我的心跳幾乎停止了。我發覺自己站在生命的十字路口上，必須做一個非常重大的決定。幾個星期之後，我才從這茫然中醒來。當時我還不知道「為你的憂慮訂下到此為止的限制」，但實際上我所做的正是這件事。我把費盡心血寫那本小說的兩年時間，看做一次寶貴的經驗，然後，「到此為止」。我重新操起組織和教授成人教育班的老本行，還有就是寫一些傳記和非小說類的書籍。

一百年前的一個夜晚，梭羅用鵝毛筆蘸著他自己做的墨水，在日記中寫道：「一件事物的代價，也就是我稱之為生活的總值，需要當場交換，或在最後付出。」

用另外一種方式說：如果我們以生活的一部分來付代價，而付得太多了的話，我們就是十足的笨蛋、要命的傻子。

不記仇的人，才不會折騰自己

美國南北戰爭時，林肯的幾位朋友攻擊他的一些敵人，林肯卻說：「你們對私人恩怨的感覺比我要多，也許我的這種感覺太少了吧。可是，我一向認為這很不值得。一個人實在沒有必要把他半輩子的時間都花在爭吵上。如果那些人不再攻擊我，我也就不會再去記他們的仇了。」

我真希望伊迪絲姑媽也有林肯這種寬恕精神。她和法蘭克姑父住在一個抵押出去的農莊上。那裡土質很差，灌溉不良，收成又不好，所以他們的日子過得很緊，每分錢都要節省著用。可是，伊迪絲姑媽很喜歡買一些窗簾和其他小東西來裝飾家裡，為此她常向一家小雜貨鋪賒帳。法蘭克姑父很注重信譽，不願意欠債，所以他悄悄告訴雜貨店老闆，不要再讓他妻子賒帳買東西。伊迪絲姑媽聽說後大發脾氣。

這事至今差不多有 50 年了，她還在發脾氣。我曾經不止一次對她說這件事。最後一次見到她時，她已經 70 多快 80 歲了。我對她說：「伊迪絲姑媽，法蘭克姑父這樣羞辱你確實不對。可是難道你不覺得，你已經埋怨了半個世紀了，這比他所做的事還要糟糕嗎？」（結果我這話說了還是等於白話。）

伊迪絲姑媽為她這些不快的記憶也付了昂貴的代價，付出了半個世紀自己內心的平靜。

　　富蘭克林小的時候，犯了一次七十年來一直無法忘記的錯誤。他7歲時看中了一支哨子。他興奮地跑進玩具店，把所有的零錢放在櫃台上，也不問價錢就把哨子買下了。七十年後他在給一個朋友的信中寫道：「後來，我跑回家，吹著這支哨子，在房間裡得意地轉著。」他的哥哥姐姐發現他買哨子多付了錢，都來取笑他，「我懊惱得痛哭了一場。」

　　富蘭克林在這個教訓裡學到的道理非常簡單說：「長大後，我見識了人類許多行為，認識到，許多人買哨子都付出了太多的錢。簡而言之，我確信人類的苦難，相當一部分產生於他們對事物的價值做出了錯誤的估計，也就是，他們買哨子時多付了錢。

每個人都要為煩惱付出代價

　　托爾斯泰娶了一個他非常鍾愛的女子，他們在一起非常快樂。可是，托爾斯泰的妻子天生嫉妒心很強。常常窺測他的行蹤，他們時常爭吵得不可開交。她甚至嫉妒自己親生的兒女，曾用槍把女兒的照片打了一個洞。她還在地板上打滾，拿著一瓶鴉片威脅說要自殺，嚇得她的孩子們躲在房間的角落裡直叫。

　　如果托爾斯泰跳起來，把家俱砸爛，我倒不怪他，因為他有理由這樣生氣。可是他做的事比這個要壞得多，他記一本私人日記！這就是他的「哨子」。在那裡，他努力要讓下一代原諒他，而把所有錯都推到他妻子身上。他妻子如何對付他呢？她當然是把他的日記撕下來燒掉。她自己也記了一本日記，把錯都推到托爾斯泰身上。她甚至還寫了一本小說，題目就叫《誰之錯》。在小說裡，她把丈夫描寫成一個破壞家庭的人，而她自己則是一個犧牲品。

　　結果，他們把共同擁有的家，變成了托爾斯泰筆下自稱他的家是「一座瘋人院」。

　　不錯，我非常相信這是獲得內心平靜的秘訣之一——要有正確的價值觀念。

所以，要在憂慮毀了你之前，先改掉憂慮的習慣，第五條規則就是：任何時候，我們想拿錢買東西或為生活付出代價時，要先停下來，用下面三個問題問問自己：

　　（一）我現在正在擔心的問題，和我自己有何關聯？

　　（二）在這件令我憂慮的事情上，我應在何處設置「到此為止」的最低限度——然後把它整個忘掉。

　　（三）我到底該付這個「煩惱（哨子）」多少錢？我所付的是否已超過了它的價值？

不要為打翻的牛奶哭泣

　　幾年前，我開辦了一個很大的成人教育補習班，很多城市設有分部，在維持費和廣告費上花了很多錢。當時我忙於上課，既沒有時間，也沒有心情去管理財務，而且我當時很天真，不知道應該有一個優秀的業務經理來安排各項支出。

　　過了差不多一年，我突然發現，雖然我們收入不少，但卻沒有獲得一點利潤。我本該立刻做兩件事。

　　第一，像科學家喬治·華盛頓·卡佛爾在全部財產損失後所做的那樣，把這筆損滿失從腦子中抹去，然後再也不去提起。

　　第二，我應該認真分析錯誤，從中吸取教訓。

　　可是，我一樣也沒有做。相反的，我開始發起愁來，一連幾個月都恍恍惚惚的，覺也睡不好。不但沒有從中學到東西反而接著又犯了一個同樣的錯誤。

　　亞倫·山德士先生永遠記得他的生物課老師保爾·布蘭德溫博士教給他的最有價值的一課。「當時我只有十幾歲，卻經常為很多事發愁，為自己犯過的錯誤自怨自艾。我老是在想我做過的事，希望當初沒有那麼做，我老是在想我說過的話，希望當時把話說得更好。

一天早晨，我們走進科學實驗室，發現保羅‧布蘭德溫老師的桌邊放著一瓶牛奶。真不知道那和他教的生物課有什麼關係。突然，老師一把把那瓶牛奶打翻在水槽中，同時大聲喊道：『不要為打翻的牛奶而哭泣。』然後，他把我們叫到水槽邊上說：『好好看看，永遠記住這一課。你們看牛奶已經漏光了。無論你怎麼著急，如何抱怨，也不能救回一滴了。只要先動點腦筋，先加以防範，那瓶牛奶就可以保住。可是現在已經太遲了——我們所能做到的，只是把它忘掉，去想下一件事。」

　　這次表演使我終生難忘。它教給我，只要有可能，就不要打翻牛奶。萬一牛奶打翻整個漏光時，就要把這件事徹底忘掉。」

　　「不要為打翻的牛奶哭泣」是老生常談，卻是人類智慧的結晶。即使你讀過各個時代很多偉人寫的有關憂慮的書籍，你寵不會看到比「船到橋頭自然直」和「不要為打翻的牛奶而哭泣」更有用的老生常談了。事實上，只要我們能多利用那些古老的俗語，我們就可以過一種近乎完美的生活。然而，如果不加以利用，知識就不是力量。

　　本書的目的並非告訴你什麼新的東西，而是要提醒你注意那些你已經知道的事，鼓勵你把已經學到的那些東西加以應用。

不要試圖去鋸那些早已鋸碎的木屑

　　已故的佛烈德・富勒・席德有一種能把古老的真理，用又新又吸引人的方法說出來的天分。有一次在大學畢業班講演時，他問道：「有誰鋸過木頭，請舉手。」大部分學生都舉了手。他又問：「有誰鋸過木屑？」沒有一個人舉手。

　　「當然，你們不可能鋸木屑。」席德先生說：「過去的事也是一樣，當你開始為那些已經做完的和過去的事憂慮的時候，你就是在鋸一些木屑。」

　　棒球老將康尼・馬克 81 歲時，我問他有沒有為輸了的比賽憂慮過。「我過去常這樣。可是，我發現這樣做對我完全沒有好處，磨完的粉不能再磨，」他說：「水已經把它們沖到底下去了。」

　　傑克・鄭普塞在和我一起吃晚飯時，談起了他把重量級拳王的頭銜輸給金・東尼的那一仗。「……到了第十回合完了，我雖然還沒有倒下去，但臉已經腫了，而且有很多傷痕，兩隻眼睛幾乎無法睜開。……我看見裁判員舉起金・東尼的手，宣布他獲勝……我不再是世界拳王了，我在雨中往回走，穿過人群回到自己的屋裡……

　　一年之後。我再次跟東尼比賽，結果仍是如此，我就這樣永遠完了。要完全不為此事發愁確實很困難，可我對自己說：『我不能生活

在過去的陰影裡，我要承受這次打擊，不能讓它把我打倒。』」

於是，他努勢忘掉失敗，集中精力為未來謀劃，他經營百老匯的鄧普賽餐廳和大北方旅館，他安排和宣傳拳擊賽，舉辦有關拳賽的各種展覽會。這樣，他既無時間也沒有心思去為過去擔憂。「我現在的生活，比我在做世界拳王時要好得多。」

莎士比亞告訴我們：「聰明的人永遠不會坐著為自己的損失而悲傷，卻會很高興地去找出辦法來彌補創傷。」

我曾經到辛辛監獄去看過，那裡最令我吃驚的是：囚犯們看起來都和外面的人一樣快樂。監獄長告訴我，這些罪犯剛去時都心懷怨恨而且脾氣很壞。可是幾個月後，大部分聰明一點的人都能忘掉他們的不幸，安下心來適應他們的監獄生活。他還告訴我，有一個犯人過去在園林裡工作，他在監獄圍牆裡種菜種花時，還能唱出歌來，因為他知道，流淚是沒有用的。

當然，有了錯誤和疏忽都是我們的不對。可是，誰沒犯過錯呢？拿破崙在他所有重要戰役中也輸過三分之一。也許我們的平均紀錄比拿破崙還少呢！

何況，即使動用所有國王的人馬，也不能挽回已經過去的東西。

　　所以，第六條規則是：「不要試圖去鋸那些早已鋸碎的木屑。」

　　因此，如何在憂慮毀了你之前，你不妨先改掉憂慮的習慣：

　　〔規則一〕讓自己忙碌，把憂慮從你的思想中趕出去。大量的行動是治療「胡思亂想症」最好的方法之一。

　　〔規則二〕不要為小事煩惱，不要讓那些小事——生活中無足輕重的小事——毀了你的快樂。

　　〔規則三〕用概率來消除你的憂慮，問問你自己：「這件事可能發生的機會到底有多少？」

　　〔規則四〕要適應不可避免的情況。如果你知道某種情形是你無力改變或扭轉的。就要對你自己說：「既然是這樣。就沒有別的辦法了。」——想辦法說服自己！

　　〔規則五〕要在你憂慮的事情上決定一個「到此為止」的限度，決定一件事到底值得你擔多少憂慮——然後決不再多去管它。

　　〔規則六〕讓過去的就成為過去，不要去鋸木屑。

第四章

怎樣讓自己充滿活力！

不要等到疲勞才休息

傑可布森醫生——芝加哥大學實驗心理學實驗室主任，他寫過兩本關於如何放鬆緊張情緒的書：《消除緊張》和《你必須放鬆緊張情緒》，他還主持研究了放鬆緊張情緒的方法在醫學上的用途。他認為任何一種精神和情緒上的緊張狀態，「在完全放鬆之後就不可能再專在了。」這就是說，如果你能放鬆緊張情緒，就不可能再繼續憂慮下去。所以，要防止疲勞和憂慮，第一條規則就是：經常休息，在你感到疲倦以前就休息。

這一點之所以重要，是因為疲勞增加的速度快得出奇。美國陸軍的多次實驗證明，即使是經過多年軍事訓練又很堅強的年輕人，如果不帶背包，每小時休息十分鐘，那麼行軍速度就會明顯加快，而且持久。人的心臟每天壓出來流過全身的血液，足夠裝滿一節運油火車車廂；每天釋放出的能量，足夠用鏟子把 20 噸煤鏟成一個 3 英尺高的平台。你的心臟能完成這麼大的工作量，而且能持續 50 年、70 年甚至 90 年，你的心臟怎麼能承受這難以置信的工作呢？

哈佛醫院的華特・坎農博士解釋道：「絕大多數人認為人的心臟整天不停地跳動。事實上，在每次收縮之後，它有完全靜止的一段時間。當心臟按正常速度每分鐘跳 70 下時，它一天的工作時間只有 9

小時，也就是說它實際休息了 15 小時。」

第二次世界大戰期間，丘吉爾已 60 多歲了，卻能每天工作 16 小時，他的秘訣在哪裡？他每天早晨在床上工作到 11 點，他看報告、口授命令、打電話甚至在床上召開會議。午飯之後他還要睡一小時。晚上 8 點的晚餐以前還要在床上睡兩小時。他並不是要消除疲勞，因為他根本不用去消除，他事先就防止了。因為他經常休息，所以能很有精神地一直工作到半夜以後。

人類第一個首富約翰‧洛克菲勒也創造了兩項驚人的紀錄：他的財產在當時世界首屈一指，而壽命也達到了 98 歲，他怎樣做到這兩點的呢？主要原因當然是遺傳，他家族的人都很長壽。另一個原因就是，他每天中午在辦公室睡半小時午覺，這時哪怕是美國總統打來的電話他也不接。

養成隨時隨地都能休息

　　在《為什麼會疲勞》一書中，丹尼爾‧柯西林寫道：「休息並不是絕對什麼都不做，休息就是修補一下的意思。」在短短一點的休息時間裡，就能有很強的恢復能力：即使只打五分鐘的瞌睡，也有助於防止疲勞。

　　棒球名將康里‧馬克告訴我，每次參賽之前，如果不睡個午覺的話，他到第五局就會感到筋疲力盡了。可是，如果他睡午覺的話，哪怕只睡五分鐘，也能夠賽完全場，而且，一點也不感到疲勞。

　　我拜訪過伊蓮娜‧羅斯福，詢問她在白宮做第一夫人的那 12 年裡，是如何應付那麼多繁瑣事務的。她對我說，每次接見一大群人，或是要發表一次演說之前，她通常都坐在一把椅子上或者是一張沙發上，閉起眼睛休息 20 分鐘。

　　我最近在麥迪遜廣場花園金‧奧維的休息室裡，訪問了這位參加世界騎術大賽的騎術名將。我發現，他在休息室裡放了一張折疊床，「每天下午我都要在那裡躺一躺，」金‧奧維說。「在兩場表演之間睡一個小時。當我在好萊塢拍電影的時候，」他繼續說道：「我常常靠坐在一張很大的軟席椅上，每天睡兩次午覺。每次睡十分鐘，這樣

可以使我精力充沛。」

　　在亨利・福特 80 歲大壽之前，我去訪問過他。我實在猜不透他為什麼看起來那樣精神煥發、活力健康。我問他秘訣是什麼？他說：「能坐下的時候，我絕不站著；能躺下的時候，我絕不坐著。」

　　我曾建議好萊塢的一位電影導演，試一試這類方法。後來，他告訴我，這類方法可以產生奇蹟。我說的是傑克・查納克，他是好萊塢最有名的大導演之一。幾年前，他來看我的時候，她是米高梅公司短片部的經理，常常感到勞累和筋疲力盡。他什麼方法都試過了，喝礦泉水、吃維生素和其他補藥，但對其一點幫助也沒有。我建議他每天去「度度假」。怎麼做呢？就是當他在辦公室裡和部下開會的時候，躺下來放鬆自己。

　　兩年之後，我再見到他的時候，他說：「出現了奇蹟，這是我醫生說的。以前，每次我和部下談論短片問題的時候，我總是坐在椅子裡，非常緊張。現在每次開會的時候，我躺在辦公室的沙發上。我覺得現在比我 20 年來都好過多了，每天能多工作兩個小時，卻很少感到疲勞。」

放鬆……放鬆……再放鬆

　　以擅長寫作長篇小說聞名的女作家薇姬‧貝姆曾說，他小時候遇見過一位老人，教給她一生中所學過的最重要的一課。那時候，她摔了一跤，碰破了膝蓋，扭傷了手腕，有個曾在馬戲團當小丑的老人把她扶起來。在幫她把身上灰塵撣乾淨的時候，那個老人對她說：「你之所以會碰傷，是因為你不知道怎樣放鬆自己。你應該假裝你自己鬆軟得像一雙襪子，像一雙穿舊了的襪子。來，我來教你怎麼做。」

　　兩個老頭就教薇姬‧貝姆和其他的孩子怎麼樣跑，怎麼樣跳，怎麼樣翻跟頭，還一直教他們說：「要把你自己想像成一雙舊襪子，那你就能放鬆了。」

　　任何時候能夠放鬆，任何地方也能夠放鬆，只是不要花費力氣去讓自己放鬆。所謂放鬆，就是消除所有的緊張和力氣，只想到舒適和放鬆。開始的時候，先想如何放鬆你的眼部肌肉和臉部肌肉，不停地說著說：「放鬆……放鬆……再放鬆，再放鬆！」要從臉部肌肉到身體中心，都能感到自己的體力。要使你自己像孩子一樣，完全沒有緊張的感覺。

　　這就是著名的女高音嘉莉‧古琪所用的辦法。海倫‧吉卜生告訴

我，他常常看見嘉莉‧古琪在表演之前坐在一張椅子上，放鬆全身的肌肉，而且上顎鬆得像脫臼一樣。這種做法非常不錯——可以使她在登台的時候，不至於感到太緊張，也可以防止疲勞。

下面是幫你學會怎樣放鬆的五項建議：

一、請看關於這方面的一本好書——大衛‧哈羅‧芬克博士所寫的《消除神經緊張》。我還建議你看一看《為什麼會疲倦？》這本書的作者是丹尼爾‧柯西林。

二、隨時放鬆你自己，使你的身體鬆軟得像一雙舊襪子。我在工作的時候，常常在桌子上放上一雙紅褐色的舊襪子，提醒我應該放鬆到什麼程度。如果你找不到一雙舊襪子的話，一隻貓也可以。你是否曾經抱過在太陽底下睡覺的貓呢？當你抱起它時，它的頭就像打濕了的報紙一樣塌下去了，印度的瑜伽術也教你，如果你想要放鬆，應該多去瞧瞧貓。我從來沒有看過疲倦的貓，也沒有看到過患精神分裂症、風濕病，或擔憂得染上胃潰瘍的貓。要是你能學貓那樣放鬆自己，大概就能避免這些問題了。

三、工作時採取舒服的姿勢。要記住，身體的緊張會產生肩膀的

疼痛和精神上的疲勞。

　　四、每天自我檢查五次，問問自己：「我有沒有使自己的工作變得比實際上的更繁重？我有沒有使用一些和我的工作毫無關係的肌肉？」這些都有助於你養成放鬆的好習慣。就像大衛‧哈羅‧芬克博士所說的，「那些對心理學最了解的人都知道，疲倦有三分之二是習慣性的。」

　　五、每天晚上再檢查一次，問問你自己：「我到底有多疲倦？如果我感覺疲倦，這不是我過分勞心的緣故，而是因為我做事的方法不對。」「我算算自己的成績，」丹尼爾‧柯西林說：「不是看我在一天工作結束後有多疲倦，而是看我多不疲倦。」他說：「如果哪一天過完後我感到特別疲倦，或者是我感覺自己的精神特別貧乏的時候，我會毫無疑問地知道，這一天不論在工作的質和量上都做得不夠。如果每個企業家能學會這一點，因為神經緊張引起疾病致死的比例，就會馬上降低了。而且，我們的精神療養院裡，也不會再有哪些因為疲勞和憂慮導致精神崩潰的人了。」

家庭主婦的困惑

去年秋天，我的助手乘飛機去波士頓參加一次不尋常的醫學實驗，正式的名稱叫應用心理學，目的是治療一些因憂慮而得病的人。而病人中的大多數是精神上感到困擾的家庭主婦。

一九三〇年，約瑟夫·普雷特博士——他曾是威廉·奧斯勒的學生——發現了一個問題：來波士頓醫院求診的女患者中，有很多人生理上根本沒有毛病。有個女病人的兩隻手由於「關節炎」而無法活動，另一個患者因為「胃癌」的症狀痛苦不堪，其他人有頭疼的、腰疼的，都是長年發作，無法制止。

但經過最徹底的醫學檢查後卻發現，這些婦女生理上完全正常，醫生們都說：「這是他們腦子裡有病。」

但普雷特博士卻認為，單單叫她們「回家去把這件事忘掉」是不會奏效的。於是他開了這門「應用心理學」的實驗班，希望幫助他們根治心理上的疾病。

對他這種做法，醫學院一開始是懷疑者居多，結果卻是意想不到的好，這個班開設 18 年來，有成千上萬的人參加實驗後「痊癒」了。有些病人到這個班上了好幾年課，幾乎像上教堂一樣虔誠。

當時普雷特博士有個助手曾和一位上了九年而且很少缺課的婦女談過。她說，她剛來時深信自己有腎炎和心臟病，這使她憂慮、緊張，有時甚至突然看不見東西，於是她又害怕會雙目失明。可現在她身體狀況良好，雖然已經有了孫子，可看上去只有四十多歲。

　　她說：「那時我幾乎想一死了之，可我後來在這兒懂得了憂慮對人的害處，學會了怎樣消除憂慮。我現在可有資格說，我的生活簡直太幸福了。」

不妨找個人談談你的問題

醫藥顧問羅絲‧海芬婷大夫認為，減輕憂慮最好的藥就是「跟你信任的人談論你的問題。」她說：「我們把這稱作淨化作用。病人到這裡來的時候，可以盡量講她們的問題，直到把這些問題完全趕出她們的腦子。一個人悶頭憂慮的時候會造成精神上的損失。我們應該讓別人分擔我們的難題，我們也得分擔別人的憂慮。我們必須感覺到世界上還有人願意聽我們的話，也能夠了解我們。」

我的助手親眼看到一個婦女，在說出她心裡的憂慮之後，獲得一種非常難得的解脫。她有很多家務事方面的煩惱。而在她剛剛開始談論這些問題的時候，她就像一個緊繃的彈簧，然後一面講，一面漸漸地平靜下來了，等到談完之後，她居然能面露微笑了，這些困難是否已經得到了解決呢？沒有，事情當然不會這樣簡單。她之所以有這樣的改變，是因為她能和別人談談，得到了一點點忠告，和一點點同情。真正促成變化的，是其有強有力的具有治療功能的語言。

就某個方面來說，心理分析就是以語言的治療功能為基礎的。從弗洛伊德的時代開始，心理分析家就知道，只要一個病人能夠說話——僅僅只要說出來，就能夠解除他心中的憂慮。為什麼呢？也許

是因為說出來之後，我們就可以更深入地看到我們的問題，能夠看到更好的解決方法。也許根本沒有人知道確切的答案，可是我們所有的人都知道「吐露一番」或是「發發胸中的悶氣」，就能立刻使人覺得暢快多了。

　　所以，下一次我們再碰到什麼情感上的難題時，為什麼不去找個人談一談呢？當然，我並不是說，隨便到哪兒抓一個人，就把我們心裡所有的苦水和牢騷說給他聽。我們要找一個值得信任的人，跟他約好一個時間，也許找一個親友，一個醫生，一位專業人士……

　　然後，對那個人說：「我希望得到你的幫助。我有個問題，我希望你能聽我談一談，你也許可以給我一點忠告。也許旁觀者清，你可以向我提供一個認識問題的新角度。當然，即使你不能做到這一點，只要你肯坐在那裡聽我談談這件事，也等於幫了我很大很大的忙了。」

給你五個平衡的建議

現在，我要給你五個對你有幫助的好建議——

一、準備一本「提供靈感」的剪貼簿，你可以貼上（寫上）自己喜歡的可以鼓舞你的詩，或者是名人的格言。往後，如果你感到精神頹喪，也後午在本子裡就可以找到治療的藥物。

波士頓醫院的很多病人，都把這種剪貼簿保存了好多好多年，她們說這等於是替你在精神上「打了一針」，效果很不錯！

二、不要為別人的缺點太操心。不錯，你的丈夫確實有很多缺點。可是，如果他是個聖人的話，恐怕他根本就不會娶你了，對不對？學習班上有一位婦女，通過學習，發現她自己恰恰是一個專門苛責別人、愛挑剔，還常常拉長一張臉的妻子，當別人問她「如果你的丈夫死了，你會怎麼辦？」的問題時，她才發現自己的短處。

她當時著實大吃一驚，連忙坐下來，把她丈夫所有的優點列舉出來。她所列的那張單子可不短呢。所以，如果你覺得自己嫁錯了人，不妨也試試這種方法。也許，在看過他所有的優點之後，你會發現他正是你希望遇到的那個人哩！

三、要對你的鄰居感興趣。對那些和你在同一條街上共同生活的人，抱有一種很友善也很健康的興趣。有一個很孤獨的女人，覺得自己非常「獨立」，所以痛苦得連一個朋友也沒有。

有人勸她試著把她下一個碰到的人做主角，編一個故事，於是，她開始在公共汽車上，為她所看到的人編造故事。她假想那個人的背景和生活情形，試著去想像他的生活是怎樣的。後來，她碰到別人就聊天。現在，她非常地快樂，變成了一個很討人喜歡的人，她的「痛苦」也治好了。

四、今晚上床之前，先安排好明天工作的程序。在班上，他們發現很多的家庭主婦，因為做不完的家務，而感到很疲勞。她們好像永遠也做不完她們的工作，老是被時間趕來趕去。為了要治好這種匆忙的感覺和憂慮，他們建議各位家庭主婦，在前一天晚上就把第二天的工作安排好。你也可以為明天列一張清單，然後「照單行事」。我還見過一個家庭主婦，一次都會把三天的菜單列好，做什麼菜配什麼料等等都計劃好。之後，她上菜市場，只花了十幾分鐘就一次搞定了！

結果呢？她們能完成許多工作，卻不會感到那麼疲勞，同時還因為有成績而感到非常驕傲，甚至還有時間休息和打扮（每一個女子每一天都該抽出時間來打扮，讓自己看來漂亮一點。我認為，當一個女子知道她外表很漂亮的時候，就不會「緊張」了。）

五、避免緊張和疲勞的唯一途徑，就是放鬆。再沒有比緊張和疲勞更容易使你蒼老的事了，也不會再有別的事對你的外表更有害了。

我的助手，在波士頓思想控制課程裡，所到負責人保羅・強森教授談了很多很多我們已經討論過的原則──那些能夠放鬆的方法。在十分鐘放鬆自己的練習結束之後，我的助手幾乎坐在椅子上睡著了。為什麼生理上的放鬆會有如此大的好處呢？因為這家醫院知道，如果你要消除憂慮，就必須放鬆。

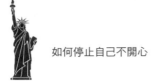

多一小時來生活，少一小時來睡覺

如果你是一位打字員，你就不可能像愛迪生或者是山姆・高爾溫那樣，每天在辦公室裡睡午覺；如果你是一個會計，你也不可能躺在長沙發上和你的上司討論帳目的問題。可是，如果你住在一個小城市裡，每天中午回家吃午飯的話，飯後你就可以睡十分鐘的午覺。這正是馬歇爾將軍常做的事。在第二次世界大戰期間，他覺得指揮美軍部隊的工作非常忙碌，所以中午必須休息。

如果你沒有辦法在中午睡個午覺，那麼，至少要在吃晚飯之前躺下來休息一個小時，這比在吃飯前喝一杯酒便宜得多了。細算起帳來，比喝一杯酒還要有效得超過好幾倍。如果你能在下午五六點鐘，或者七點鐘左右，睡上一個小時。那麼，你就可以在你的生活中每天增加一小時的清醒時間。為什麼呢？因為晚飯前睡的那一小時，加上夜裡所睡的六個小時──一共是七個小時──對你的好處比連續睡八個小時更多。

從事體力勞動的人，如果休息時間多的話，每天就可以做更多的工作。佛德瑞克・泰勒，在貝德漢鋼鐵公司擔任科學管理工程師的時候，就曾以事實證明了這一點。他曾經觀察過，工人每人每天可以往貨車上裝大約 12 噸半的生鐵，而他們一般在中午就已經筋疲力盡

了。他對所有產生疲勞的因素，做了一次科學性的研究，認為這些工人不應該每天只裝 12 噸半的生鐵，而應該每天裝 47 噸。照他的計算，他們應該可以做到目前成績的四倍，而且不會疲勞。只是必須要加以證明。

他從搬運工裡選了一位施密特先生，讓他按規定時間來工作，由專人拿著錶來指揮他：「現在搬起一塊生鐵，走……現在坐下休息……現在走……現在休息。」

結果其他人每天只能搬 12 噸半，而施密特卻能搬 47 噸。在長達三年的時間裡，他的工作能力從未減弱過，這是因為他有疲勞之前就有時間休息：每小時他大約工作 26 分鐘，而休息時間卻有 34 分鐘。他休息的時間要比工作時間多，可是他的工作成績卻差不多是別人的四倍！

讓我再重複一遍，照美國陸軍的辦法去做──經常休息，照你心臟工作的方法去做：在疲勞之前先休息。這樣就能使你每天的清醒時間多一小時。

你有沒問自己「為什麼我會疲勞」？

要衡量一天工作的質量是否已經完成指標，不是看你有多疲倦，而是看你多不疲倦。

下面是一個令人吃驚而且非常重要的事實：單單用腦不會使你疲倦。這句話聽起來非常荒謬，然而科學實驗卻證明了這一點。

那麼是什麼使你疲勞呢？心理治療家認為，我們感到的疲勞，多半是由精神和情感因素引起的，英國最有名的心理分析學家海德費在他的《權力心理學》裡說：「我們感到的大部分疲勞，都是心理影響的結果。實際上，純粹由生理引起的疲勞是很少的。」

一位美國著名的心理分析學家布列爾博士說得更詳細，他說：「一個坐著的工作者，如果健康狀況良好的話，他的疲勞百分之百是受心理因素也就是情感因素的影響。」

哪些因素會導致疲勞呢？當然是煩悶、懊惱、一種不受賞識的感覺以及忙亂、焦急、憂慮等等。這些感情因素使人容易感冒，使工作成績下降。我們之所以感到疲勞，是因為我們的情緒使身體緊張。

大都會人壽保險公司指出——

「憂慮、緊張和情緒不安，是導致疲勞的三大原因。」

為什麼在從事腦力勞動的時候，也會產生這些不必要的緊張呢？

柯西林說：「幾乎所有的人都相信越困難的工作就越得用力做，否則就不能做好。」所以我們一集中精力就皺起了眉頭，聳著肩膀，讓所有的肌肉都「用力」，實際上這對我們的思考根本沒有絲毫幫助。

碰到這種精神上疲勞，應該放鬆、放鬆、再放鬆。

這很容易嗎？不，你要花很大力氣才能把一輩子的習慣改過來。可是花這種力氣是值得的。威廉・詹姆斯，在那篇名為《論放鬆情緒》的文章裡說：「美國人過度緊張、坐立不安、表情痛苦，這是一種壞習慣，地地道道的壞習慣。」緊張是一種習慣，放鬆也是一種習慣，而壞習慣應該消除，好習慣應該保持。

怎樣才能放鬆呢？是先從思想上還是先從神經上開始？都不是，應該先從肌肉開始，首先您要放鬆眼部肌肉，然後可以用同樣的方法放鬆您的臉部、頸部、和整個身體。

但是，你全身最重要的器官，還是你的眼睛。芝加哥大學的艾德蒙・傑可布森博士說，如果你能完全放鬆你的眼部肌肉，你就可以忘記你所有的煩惱了。在消除神經緊張方面眼睛之所以如此重要，是因為它們消耗了全身能量的 1/4。這也就是為什麼很多眼力很好的人，卻感到「眼部緊張」因為他們自己使眼部緊張。

放鬆自己的練習曲

　　的確，作為一個家庭主婦，一定要懂得如何放鬆自己。你有一點強於別的地方——只要想躺下隨時就可以躺下，而且你還可以躺在地上。奇怪的是，硬硬的地板比裡面裝著彈簧的席夢思床，更有助於放鬆自己，地板對脊椎骨大有好處。

　　那麼，下面就是一些可以在你自己家裡做的運動。你先試上一段時間，看看對你的外表有多大的好處。

　　〔第一步〕只要你覺得疲倦了，就平躺在地板上，盡量把身體伸直。如果你想翻身就翻身，每天做兩次。

　　〔第二步〕閉起你的眼睛，像強生教授所建議的那樣：「太陽當頭照，天空藍盈盈，大自然很寧靜。我——大自然的孩子，也能和宇宙的安靜和諧一致」。

　　〔第三步〕如果你不能躺下來，因為你正在爐子上煮菜，而沒有這個時間，那麼，只要你能坐在一張椅子上，得到的效果也完全相同。在一張很硬的直背椅子裡，像一個古埃及的坐像那樣，然後把你的雙手向下平放在大腿上。

　　〔第四步〕慢慢地把你的 10 個腳趾蜷曲起來——然後，讓它們放鬆。收緊你的腿部肌肉——然後，讓它們放鬆：慢慢朝上，運動各

部分的肌肉，最後一直到你的頸部。然後，讓你自己的頭向四周轉動著，好像你的頭是一個柔軟的足球。要不斷地對你的肌肉說：「放鬆……放鬆……再放鬆……」

〔**第五步**〕用很慢很穩定的深呼吸來平定你的神經，要從丹田吸氣。印度的瑜伽術不錯，規律的呼吸是安撫神經的最好方法。

〔**第六步**〕再放鬆一下，你可以來回抹平你臉上的皺紋，鬆開你緊鎖的眉頭，不要閉緊著嘴巴、不再繃著臉。

養成良好的工作習慣

有個效率專家說：「讓我們暈頭轉向的並不是大量的工作，而是我們不知道自己該先做什麼。」

他在此有四種建議：

第一、拿走你桌上所有的紙張，只留下和你手頭事務有關的。

一家新奧爾良報紙的某位發行人曾告訴我，他的秘書幫他清理了一下桌子，結果發現了一架兩年來一直找不著的打字機。

如果桌子上堆滿了信件、報告、備忘錄之類的東西，就足以使人產生混亂、緊張和焦慮的感覺。更糟的是，它會讓你覺得自己已有 100 萬件事要做，可根本沒時間做，根本做不完。這種情緒會使你憂慮得患高血壓、心臟病和胃潰瘍。

芝加哥與西北鐵路公司的董事長羅西‧威廉斯說：「一個書桌上堆滿了文件的人，若能把他的桌子清理一下，留下手邊待處理的一些，就會發現他的工作更容易，也更實在。我把這種清理叫做料理家務，這是提高效率的第一步。」

如果你有機會到華盛頓的國會山莊圖書館去，就會看到天花板上漆著十一個字，這是著名詩人波普寫的：

「秩序，是天國的第一條法則。」

著名的心理治療專家威廉‧山德爾博士，他曾用一個簡單的方法治癒了一位病人。

這位患者是芝加哥一家大公司的高級主管，當他初次到山德爾的診所去的時候，非常緊張、不安，面臨精神崩潰的危險。在就診之前，他的辦公室有三張大寫字台，他把全部時間都投入工作堆裡，可事情似乎永遠幹不完。

當他與山德爾談過以後，回到辦公室的第一件事就是清理出一大車的報表和舊文件，只留一張寫字台，事情一到就馬上辦完。於是，再沒有堆積如山的公事威脅他，他的工作漸漸有了起色，而且身體也恢復了健康。

前美國最高法院大法官查爾斯‧伊文斯‧休斯說：「人不會死於工作過度，卻會死於浪費和憂慮。」

第二、區分事情的重要程度並以此來安排工作順序。

大企業家亨瑞‧杜哈提說，不論他出多少錢的薪水，都不可能找到一個具有兩種能力的人。這兩種能力是：第一、能思想；第二、能

按事情的重要次序來做事。

查爾斯・盧克曼，從一個默默無聞的人，在 12 年內變成了培素登公司的董事長，每年 10 萬美元的薪金，另外還有 100 萬美元的進項。他說他的成功原因是他具有亨瑞・杜哈提所說的幾乎不可能同時具備的那兩種能力。盧克曼說：「就我記憶所及，我每天早上五點鐘起床，因為那時我的頭腦要比其他時間更清醒。這樣我可以比較周到地計劃一天的工作，按事情的重要程度來安排做事的先後次序。」

富蘭克林・白吉爾是美國最成功的保險推銷員之一，他不會等到早晨五點才計劃他當天的工作，他在頭一天晚上就已經計劃好了。他替自己訂下一個目標——一天裡賣掉多少保險的目標。如果沒有完成，差額就加到第二天，依此類推。

如果蕭伯納沒有堅持先做的事情就先做這一原則，那他一輩子就只能做銀行出納而不會成為戲劇家了。他按計劃每天必須寫作至少五頁，他這樣工作了九年。

就連漂流到荒島上的魯濱遜都有一個按小時制訂的計劃表。當然，一個人不可能總按事情的重要程度安排計劃，但按計劃做事，絕對要比興之所至去做好得多。

第三、如果必須做決定的問題，就當場解決，不要拖延。

我以前的一個學生，已做的 H‧P，霍華告訴我，當他在美國鋼鐵公司擔任董事的時候，董事會總要花很長的時間，會議要討論很多問題，但有結果的卻很少。最後，董事會的每一位董事都得帶著一大包文件回家看。

後來，霍華先生說服了董事會，每次開會只討論一個問題，然後做出結論，不耽擱、不拖延。這樣所得的決議也許需要研究更多的資料。但是，在討論下一個問題前，這個問題一定能形成決議。

霍華先生告訴我，改革的結果非常驚人，也非常有效，所有的陳年舊帳都了結了。行事曆上乾乾淨淨的，董事們也不必帶著大包文件回家，大家也不再為沒有解決的問題而憂慮。

這是個很好的辦法，不僅適用於美國鋼鐵公司的董事會，也適用於你和我。

第四、學會如何組織、分層負責和監督。

很多商人都在自掘墳墓，因為他們不懂得怎樣把責任分攤給其他人，而堅持事必親躬。其結果是，很多枝節小事使他手忙腳亂，他每

天總覺得十分匆忙、焦慮和緊張。

　　一個經營大事業的人，如果沒有學會怎樣組織、分層和監督，那他很可能在五十多歲、六十出頭的時候死於心臟病。

　　我過去覺得分層負責非常困難，而負責人如不理想也會產生災難，但一個身為上級主管的人如果想避免憂慮、緊張和疲勞，那他就必須這樣做。

因為厭倦而產生疲倦

　　打字員愛麗絲小姐工作了一天之後傍晚才回到家中。她腰酸背痛，疲憊不堪，她不想吃飯，只想睡覺，正在這時，男朋友打來電話邀她去跳舞。頓時她的眼睛亮了，精神來了。她換上衣服，衝出門去。一直跳到凌晨三點才回來，這時她一點也不疲倦，正相反，她興奮得睡不著覺了。

　　看得出來，傍晚時分她覺得疲勞是工作讓她煩惱，使她對生活也產生厭煩。世界上這樣的人很多，你也許就是其中之一。

　　約瑟夫・巴馬克博士在《心理學學報》上有一篇報告，談到了他的一次實驗：

　　他安排一大群大學生參加一連串的實驗工作，這些工作都是他們不感興趣的。結果所有的學生都覺得疲倦、頭疼、眼睛疼，而且總打瞌睡、想發脾氣，甚至有幾個人胃不舒服。通過給他們化驗得知，一個人煩悶的時候，他身體的血漿和氧化作用會有所下降。一旦人們覺得工作有趣的時候，其新陳代謝作用就會加速。

　　當我們在做一些很有樂趣，令人興奮的工作時，很少感到疲倦。

比如，我最近在加拿大落基山的路易斯湖畔度假，釣了好幾天的鮭魚。我還要穿過長得比人高的樹叢，跨過很多橫臥在地上的橫枝，可是如此辛苦了八個小時之後，我卻絲毫不感到疲倦。為什麼呢？因為我非常興奮，興致勃勃，而且覺得自己真的不虛此行：抓到了六條個頭很大的鮭魚。但是如果我覺得釣魚是一件很煩悶的事情，那你想我會有什麼感覺呢？我一定會因為在海拔七千英尺的高山上這麼來來回回地奔波而感到筋疲力盡的。

　　即使像登山這類消耗體力的活動，恐怕也不如煩悶那樣容易使你疲勞。明尼那不勒斯農工儲蓄銀行的總裁 S・H・金曼先生曾告訴過我一件事，正好可以證明這一點：

　　一九四三年 7 月，加拿大政府要求加拿大阿爾卑斯登山部協助威爾士軍團做爬山訓練，金曼先生就是被請來的教練之一。他和其他一些教授──年齡大約都在 42 歲到 59 歲之間──帶著那些年輕的士兵長途跋涉，越過很多冰河和雪地，再利用繩索和一些簡單的工具爬上 40 英尺的懸崖。他們在小月河山谷裡爬了許多高峰，經過 15 個小時的登山活動之後，那些非常健壯的年輕人（他們剛剛受完六個星期的

嚴格軍事訓練）全都筋疲力盡了。

　　他們感到疲勞，是否因為他們軍訓時肌肉練得不夠結實呢？任何一個接受過嚴格軍訓的人都會認為這種問題是荒謬的。他們之所以覺得疲勞，是因為他們對登山感到厭煩。許多士兵疲倦得等不到吃飯就睡著了。可是，那些比士兵年齡要大兩倍的教練們又怎麼樣呢？不錯，他們也感到很累，卻不會筋疲力盡。他們吃了晚飯後，還坐在那兒聊了個把鐘頭。他們之所以不會疲倦到倒下的地步，是因為他們對登山有興趣。

無聊更會讓人疲倦

　　哥倫比亞大學的愛德華博士經過多次調查和實驗得出結論：「工作時能量降低的真正原因是煩悶。」

　　傑羅米‧凱恩的音樂喜劇《畫舫璇宮》的主人公曾說過：「能做自己喜歡做的事情的人，是最幸運的人。」「這是因為他們體力更充沛，快樂更多，憂慮和疲勞都比較少。」

　　你興趣所在的地方就是你能力所在的地方。

　　下面是一位打字小姐的例子——

　　她在俄克拉何馬州托沙城的一個石油公司工作。每個月她都得做一件最沒意思的工作，填寫石油銷售報表。她為了提高工作情緒，就想出一個辦法，把它變成一項有趣的工作。

　　怎麼做呢？她每天跟自己競賽。她統計出上午打印的數量，然後爭取在下午打破紀錄。再統計出第一天打印的總數，爭取在第二天打破紀錄。這樣一來她的速度比別人快得多，而且有助於防止煩悶帶來的疲勞，她因此節省下了體力和精神，在休息時也得到更多的快樂。

　　我恰好知道這個故事是真實的，因為我就娶了那個女孩子。

　　下面是另一位打字小姐的故事。她發現，假裝工作很有意思會使

人得到很多的報償。她叫維莉・哥頓，家住伊利諾伊州愛姆霍斯特城。她在信上講述了下面的故事：

「我們辦公室一共有四位打字員，分別替幾個人打信件。我們經常因工作量太大而加班加點。有一天，一個副經理堅持要我把一封長信重打一遍，我告訴他只要改一改就行，不需要全部重打。可他對我說：「如果我不重來，他就另外雇人了，我氣得要死，為了這個職位和薪水，我只好假裝喜歡重新打這封信。幹著幹著，我發現如果我假裝喜歡工作，那我真的會喜歡到某種程度，而這時我的工作速度就會加快。這種工作態度使我受到大家的好評，後來一位主管請我去做私人秘書，因為他了解我很樂意做一些額外的工作而不抱怨……心理狀態的轉變給我帶來了奇蹟。」

哥頓小姐運用了漢斯・威辛吉教授的「假裝」哲學，她教我們要「假裝」快樂。

如果你「假裝」對工作有興趣，這一點點「假裝」會使你的興趣變成真的，可以減少你的疲勞、憂慮和煩悶。

啟動自己的工作熱忱

幾年以前，哈西・霍華做了一個決定，結果使他的生活完全改觀。他把一個沒有意思的工作變得很有意思。他的工作確實沒意思，是在高中福利社裡洗盤子、擦櫃台、賣冰淇淋，而其他男孩卻在玩球或跟女孩子約會。他很不喜歡這種工作，但他沒有別的工作可做，於是他決定利用這個機會來研究冰淇淋——研究冰淇淋是怎樣做成的，裡面有什麼成分，為什麼有的冰淇淋更好吃。

他研究冰淇淋的化學成分，使他成為他所在的高中化學課程的小天才。漸漸地，他對食物化學產生了濃厚的興趣。高中畢業後他考進了馬塞諸塞州立大學，專門研究食物與營養。有一次，紐約可可公司舉辦了關於可可和巧克力應用方面的有獎徵文活動，你猜是誰得了頭獎……一點不錯，正是哈西・霍華。

後來他發現很難找到工作，就在馬塞諸塞州安荷斯特城北樂街750號他自己家的地下室開辦了一家私人化驗室。開業不久，當局通過了一條新法案：牛奶所含細菌數目必須嚴格計數。

於是，哈西・霍華開始為安荷斯特城14家牛奶公司數細菌，而且他必須再雇兩個助手。

25年以後會怎麼樣呢？當然，這幾位目前正從事食物化學實驗

工作的先驅們大都已到了退休年齡，會有很多熱誠的青年人來接替他們。但哈南‧霍華很可能成為這一行業裡的領袖人物。而當年從他手裡買過冰淇淋的一些同學，都可能窮困潦倒，失業在家，抱怨自己一直找不到好工作。其實，哈南‧霍華如果不是盡力把一件很沒意思的差事變得有意思，恐怕他也同樣沒有找到好工作的機會了。

也是在好多年以前，另一個年輕人在一家工廠幹一件沒有太大意思的工作。他整天站在車床邊上加工螺絲釘，感到工作非常乏味。他想辭職，可又怕找不到工作。

既然非得做這件沒意思的工作不可，那就讓這件工作變得有意思吧。他下了這樣的決心以後，就和旁邊的一個工人展開了產量競賽。他們的領班對他的生產速度和質量深為讚賞，不久就將他提升到一個較好的職位。當然，這只是一連串升遷的開始，最後，這位工人——山姆‧瓦克南成了包爾溫機車製造公司的董事長。

當年，如果他沒有設法把分內的工作變得有意思的話，那麼他也許一輩子只是一名工人。

把工作當成樂趣

著名的無線電新聞分析家 H・V・卡騰堡曾告訴我他如何將一件毫無樂趣的工作變得很有趣：他 22 歲那年，在一艘橫渡大西洋運牲畜的船上工作，為船上運載的牲口餵水和飼料。然後，他騎著自行車周遊了全英國，接著到了法國。到達巴黎時他的積蓄花光了，只得把隨身帶著的照相機當了幾塊錢。在巴黎版的《紐約先驅報》上登了一個求職廣告，找到了一份推銷立體觀測鏡的差事。

他雖然不會說法語，但挨門挨戶地推銷了一年以後，他居然掙了五千美元的佣金，成了當年法國收入最高的推銷員。

他是怎樣創造奇蹟的呢？

起初，他請老闆用純正的法語把他應該說的話寫下來，然後背得滾瓜爛熟。他就這樣去按人家的門鈴。家庭主婦開門之後，他就開始背誦老闆教的推銷用語。他的帶美國口音的法語使人覺得很滑稽，他趁此機會遞上實物照片。如果對方問一些問題，他就聳聳肩說：「美國人……美國人」，同時摘下帽子，把藏在帽子裡的講稿指給人家看。那個家庭主婦當然會大笑起來，他也跟著大笑，然後再給對方看更多的照片。

當卡騰堡講述這些事情的時候。他很坦白地承認這種工作實在很不容易。他之所以能挺過去，就是靠著一個信念：他要把這個工作變得有樂趣。

每天早上出門之前，他都要對著鏡子裡的自己說：「卡騰堡，如果你要吃飯，就得做這件事。既然非做不可，那你何不做得痛快一點兒呢？就假想你是一個演員，正站在舞台上，下面有很多觀眾正注視著你。你現在做的事就像演戲一樣，何不高興點兒呢？」

卡騰堡告訴我，每天給自己打氣的這些話，有助於把一個他以前既恨又怕的工作變成他喜歡的事情，也讓他掙得了很高的利潤。

我問卡騰堡先生，是否可以給急於成功的美國青年一些忠告。

他說：「可以。每天早晨跟自己打一個賭。我們常常覺得需要做一些運動，讓自己從半睡半醒狀態裡醒過來，但我們更需要一些精神和思想上的運動，使我們每天早上能夠真正地活動起來，每天早上給自己打打氣吧。」

每天早晨給自己打氣，是不是一件很傻、很膚淺、很孩子氣的事呢？不是的，這在心理學上是非常重要的。

如果你在工作上得不到快樂的話，那你在別的地方也不可能找到，因為你一天的大部分清醒時間都花在工作上了。如果你經常給自己打氣，創造工作的樂趣，那你就會把疲勞降到最低程度，這樣也許就會給你帶來升遷和發展。即使沒有這樣的好處，至少在減少了疲勞和憂慮之後，你可以更好地享受自己的閑暇時間。

失眠又不是你的錯

如果你經常沒有辦法入睡，那就是你所「說」的你得了失眠症。

如果你睡眠不好的話，那你一定很憂慮吧？然而你也許不知道，國際知名的大律師撒姆爾‧安特梅爾一輩子沒有好好睡過一天。

他上大學時，最難受的是兩件事：氣喘病和失眠症。

他這兩種病都很嚴重，幾乎沒辦法治好。於是他決定退而求其次，失眠時不在床上翻來覆去，而是下床讀書。結果，他在班上每門功課成績都名列前茅，成了紐約市立大學的奇才。

他當了律師以後，失眠症仍困擾著他，但他一點也不憂慮。他說：「大自然會照顧我。」事實真的如此，他雖然每天睡眠很少，健康狀況卻一直良好，他的工作成績超過了同事，因為別人睡覺的時候，他還是清醒的。

他在 21 歲的時候，年薪已高達 75000 美元。1931 年，他在一椿訴訟案中得到的酬金是歷史上律師收入的最高紀錄：100 萬美元。

但失眠症仍沒辦法擺脫。他晚上有一半時間用於閱讀，清晨五點就起床。當大多數人剛剛開始工作的時候，他一天的工作差不多已經做完一半了。他一直活到 81 歲，一輩子卻難得有一天睡得很熟，但他沒有為失眠而焦慮煩躁，否則他這一輩子早就毀了。

　　我們的一生有三分之一花在睡眠上，可是沒人知道睡眠究竟是怎麼回事。我們只知道睡覺是一種習慣，是一種休息狀態。但我們不清楚每個人需要幾個小時的睡眠，更不清楚我們是不是非要睡覺不可。

　　也許難以令人置信，在第一次世界大戰期間，一個名叫保羅‧柯恩的匈牙利士兵，腦前葉被子彈打穿。傷癒後，他再也無法睡眠，而且不覺得困倦。所有的醫生都說活不長了，但他卻證明醫生的話是沒有道理的，他找到一份工作，健康生活了許多年。有時他會躺下閉目養神，卻從來不能進入夢鄉。他的病例是醫學史上的一個謎，也推翻了我們對睡眠的許多傳統看法。

　　睡眠時間可能因人而異。著名指揮家托斯卡尼亞每晚只睡 5 個小時，而柯立芝總統每天卻要睡 11 個小時。

因為失眠而產生的挫折

　　為失眠而憂慮所產生的損害遠遠超過失眠本身。我的一個學生伊拉‧桑德勒，就幾乎因為嚴重的失眠症而自殺。

　　下面是他的故事——

　　最初我睡眠很好，鬧鐘都吵不醒，結果每天早上上班都遲到。老闆警告我，如果再睡過頭，就小心丟了差事。

　　我的一個朋友向我建議，在睡覺時把注意力集中到鬧鐘上，結果那該死的滴答滴答的聲音纏著我不放，讓我整夜睡不著，翻來覆去，焦躁不安。到了早晨，我幾乎不能動了。就這樣我一直遭受了兩個月的折磨，我想我一定會精神失常了。有時我會走來走去轉上幾個鐘頭，甚至想從窗口跳出去一死了之。

　　最後，我找了一位醫生，他說：「伊拉，我沒有辦法幫你的忙。如果每天晚上上床之後不能入睡，就對自己說：「我才不在乎睡得著睡不著，就算醒著躺一夜，那也能得到休息。」

　　我照他的話去做，不到兩個星期就能安穩入睡了。不到一個月，我的睡眠就恢復了八小時，精神上也沒有痛苦了。

使伊拉‧桑德勒受到的折磨不是失眠症，而是失眠引起的焦慮。

芝加哥大學教授山尼爾‧克里特曼博士，是睡眠問題的專家。他說那些為失眠憂慮的人通常獲得的睡眠比自己想像的要多得多。那些指天誓日地說：「昨晚眼睛都沒閉一下」的人，實際上可能已經睡了幾個鐘頭。

舉例來說，十九世紀著名的思想家史賓賽，到老年仍是獨身。他住在寄宿宿舍，整天都在談論自己的失眠問題，弄得別人煩得要命，他甚至在耳朵裡帶上耳塞來抵禦外面的吵鬧，有時甚至靠吃鴉片來催眠。一天晚上，他和牛津大學教授塞斯同住旅館的一個房間，次日早晨斯賓塞說他整夜沒睡著，其實塞斯才一宿沒合眼，因為史賓賽的鼾聲吵了他一夜……

其實沒有人會因為失眠而不想活

　　要想安穩睡一覺的第一個必要條件就是要有安全感。大衛·哈羅·芬克博士曾寫過一本書，叫做《消除神經緊張》，提出和自己身體交談的方法。他認為，語言是一切催眠法的主要關鍵。如果你要從失眠狀態中解脫出來──你就對你身上的肌肉說：「放鬆，一切放鬆。」眾所周知，肌肉緊張時，你的思想和神經就不可能放鬆。所以，如果我們想要入睡的話，就必須從放鬆肌肉開始。然後，為了同樣的理由，把幾個小枕頭墊在手臂底下，使自己的下顎、眼睛、手臂和雙腿放鬆，我們就會在還不知道是怎麼回事之前入睡了。

　　另外一種治療失眠的有效方法，就是使你自己疲倦。你可以去種花，游泳、打網球、打高爾夫球、滑雪，……這是名作家德萊塞的做法。在他當年還是一個為生活掙扎的年輕作家時，他也曾經為失眠憂慮過。於是，他到紐約中央鐵路去找了一份鐵路工人的工作。在做了一天打釘和鏟石子的工作之後，他疲倦得甚至於沒有辦法坐在那裡把晚飯吃完。

　　假如我們十分疲倦的話，即使我們是在走路，大自然也會強迫我們入睡。當一個人完全筋疲力盡之後，即使在打雷或戰爭的恐怖和危險之下，也能安然入睡。

　　著名的神經科醫生佛斯特・甘迺迪博士告訴我說，一九一八年，英國第五軍撤退時，他就見過筋疲力盡的士兵隨地倒下，睡得就像昏過去一樣。雖然他用手撐開他們的眼皮，他們仍不會醒來。他們所有人的眼球都在眼眶裡向上翻起。「從那以後，每當我睡不著的時候，就把我的眼珠翻成那個樣子。我發現，不到幾秒鐘，我就會開始打哈欠，睡意沉重，這是一種我沒有辦法控制的自動反應。」

　　從來沒有一個人會用不睡覺的理由來自殺。不論他有多強的控制力，大自然都會強迫一個人入睡。我們可以長久不吃東西、不喝水，卻無法不睡覺。

解救失眠之道

亨利・林克博士是心理問題公司的副總裁，他曾經和很多憂慮而頹喪的人談過。在《人的再發現》一書中的《消除恐懼與憂慮》一章裡，他談到他曾對一個一心想自殺的人說：「反正你是要自殺的，那你至少也要像個英雄——繞著這條街跑到你累死為止吧。」

他果然去試了，不只是一次，而且試了好幾次。每一次都使他覺得好受一些。到了第三天晚上，林克博士終於達到他最初想要達到的目的——這個病人由於身體疲勞（在肉體上也放鬆了）而能睡得很沉。後來他參加了一個體育俱樂部，參加各種運動項目，不久就想要永遠活下去了。

所以，不為失眠而憂心忡忡——

一、如果你睡不著就起來工作或看書，到你打瞌睡為止。

二、從來沒有人因缺乏睡眠（失眠）而死亡，為失眠憂慮對你的損害，會比失眠更厲害。

三、讓你全身放鬆，看一看《消除神經緊張》那本書。

四、多運動，別讓你的身體因疲憊而無法保持清醒。

最後，為了避免疲勞和憂慮，並使你精力充沛，我們在此提供六

個方法：

〔**規則一**〕在疲勞之前休息。

〔**規則二**〕學會在工作時放鬆情緒。

〔**規則三**〕如果你是家庭主婦，請在家裡安排適當的休息，保護你的健康和容貌。

〔**規則四**〕採用下述四種良好的工作習慣：

（1）把桌子清理好，只留下與手頭問題有關的文件。

（2）按照重要性的次序處理事件。

（3）能當場解決的就當場解決。

（4）學會組織、授權和監督。

〔**規則五**〕培養工作熱情。

〔**規則六**〕記住：從未有一人因為睡覺而死亡。造成損害的是擔心失眠，而不是失眠本身。

第五章

家庭才是一生的堡壘

法國皇帝拿破崙三世的婚外情

　　法國皇帝拿破崙三世，就是拿破崙·龐納派德的侄兒，他和世界上最美麗的女人依琴尼·迪芭女伯爵墜入情網……接著，他們結婚了。他的那些大臣們紛紛指出，迪芭僅是西班牙一個並不重要的伯爵的女兒。可是拿破崙回答說：「這又有什麼關係呢？」

　　是的，她既優雅、她的青春、她的誘惑、她的美麗，使拿破崙感到幸福。拿破崙在一次嘩然激烈的言論中，向全國公開宣布說：「我已挑選了一位我所敬愛的女人，做我的妻子，我不想娶一個我素不相識的女人。」

　　拿破崙和他的新夫人，他們具有健康、權力、聲望、美貌、愛穩——一對美滿婚姻所完全具備的條件。婚姻點燃的聖火，從來沒有像他們這樣光亮，這樣白熱。

　　可是，沒有多久，這股熾烈、輝煌的光芒，漸漸冷卻下來了！終於成了一堆塵灰。拿破崙可以使迪芭小姐成為皇后。可是他愛情的力量、國王的權威，卻無法制止她對他無理的喋喋不休。

　　迪芭受嫉妒困擾，遭疑懼折磨，使她侮慢他的命令，甚至不許拿破崙有任何秘密。她闖進拿破崙正在處理國家大事的辦公室……她搗毀了拿破崙與大臣們之間正在討論中的重要會議。她不允許他單獨一

個人獨處，總怕拿破崙會跟其他女人相好。

　　她常會去找她姐姐，抱怨她的丈夫……訴苦、哭泣、喋喋不休！她會闖進他的書房，暴跳如雷、惡言謾罵……拿破崙擁有許多富麗的官室，身為一國的元首，政治的強人，卻找不到一間小屋子，能使他寧靜安居下來。

　　依琴尼・迪芭小姐的那些吵鬧，所獲得的是些什麼？

　　這裡就是答案……我現在從萊茵・哈特名著《拿破崙與依琴尼・迪芭，一幕帝國的悲喜劇》一書上摘錄下來：

　　　「……以後，拿破崙時常在晚間，從宮殿的一扇小門潛出，用軟帽遮住眼，由一個親信侍從，陪他去與正期待著他的一個美麗女人幽會。他們或者會在巴黎城內漫遊，或是觀賞平時國王所不易見到的那些夜生活。」

　　拿破崙的那類情形，就是依琴尼・迪芭小姐所留下的成績。事實上，她高居法國皇后寶座，她的美麗傾國傾城……可是，以她皇后之

尊，傾國傾城的美麗，卻不能使愛情在吵鬧的氣氛下存在。依琴尼曾放聲哭訴說：「我所最怕的事，終於臨到我身上。」

臨到她身上？那是她咎由自取，自己找來的。這個可憐的女人，那完全是錯在她的嫉妒，和喋喋不休的吵鬧上。

地獄中的魔鬼所發明的種種毀滅愛情的烈火中，吵鬧是最可怕的一種，就像被毒蛇咬到，決無生望。

托爾斯泰的家庭悲劇

托爾斯泰是歷史上最著名的小說家之一，他那兩部名著《戰爭與和平》和《安娜‧卡列尼娜》，在文學領域中永遠閃耀著光輝。

托爾斯泰備受人們愛戴，他的讚賞者甚至於終日追隨在他身邊，將他所說的每一句話都快速的記下來。即使他說了這樣一句話：「我想我該去睡了！」像那樣一句平淡無奇的話，也都給記錄下來。現在蘇俄政府把他所有寫過的字句都印成書籍，這樣合起來有 100 卷。

除了美好的聲譽外，托爾斯泰和他的夫人，有財產、有地位、有孩子。普天下，幾乎沒有像他們那樣美滿的姻緣……他們的結合似乎是太美滿、太熱烈了，所以他們跪在地上禱告上帝，希望能夠繼續賜給他們這樣的快樂。

後來，發生了一件驚人的事，托爾斯泰漸漸的改變了。他變成了另外一個人，他對自己過去的作品，竟感到羞愧。就從那時候開始，他把剩餘的生命貢獻於寫宣傳和平、消滅戰爭、和解除貧困的小冊子上。他向自己懺悔，在年輕時，犯過各種不可想像的罪惡和過錯……甚至於謀殺……他要真實的遵從耶穌基督的教訓。他把所有的田地給了別人，自己過著貧苦的生活。他去田間工作、砍木、堆草，自己做鞋、自己打掃房屋，用木碗盛飯，而且嘗試儘量去愛他的仇敵。

前面提過，托爾斯泰的不幸婚姻，是他老婆硬生生地把他們整個家庭變成了一座瘋人院。

托爾斯泰的一生，該是一幕悲劇，而造成悲劇的原因，是他的婚姻。他妻子喜愛奢侈、虛榮，可是他卻輕視、鄙棄。她渴望著顯赫、名譽和社會上的讚美。可是，托爾斯泰對這些卻不屑一顧。她希望有金錢和財產，而他卻認為財富和私產是一種罪惡。

這樣經過了好多年，她吵鬧、謾罵、哭叫，因為他堅持放棄他所有作品的出版權，不收任何的稿費、版稅。可是，她卻希望得到從那方面而來的財富。

當他反對她時，她就會像瘋了似的哭鬧，倒在地板上打滾……她手裡拿了一瓶鴉片煙膏，要吞服自殺，同時還恫嚇丈夫，說要跳井。

在他們生活過程中，有一件事我認為是歷史上最悲慘的一幕。我已經說過，他們開始的婚姻是非常美滿的，可是經過 48 年後，他已無法忍受再見到自己妻子一次。

在某一天的晚上，這個年老傷心的妻子渴望著愛情，她跪在丈夫膝前，央求他朗誦 50 年前他為她所寫的最美麗的愛情詩章。當他讀到那些美麗、甜蜜的日子，現在已成了逝去的回憶時，他們倆都激動

得痛哭起來……生活的現實和逝去的回憶，那是多麼的不同！

最後，當他 82 歲的時候，托爾斯泰再也忍受不住家庭折磨的痛苦，就在一九一〇年 10 月，一個大雪紛飛的夜晚，他脫離他的妻子而逃出家門……逃向酷寒、黑暗，而不知去向。

11 天後，托爾斯泰患肺炎，倒在一個車站裡，他臨死前的請求是，不允許他的妻子來看他。

這是托爾斯泰夫人抱怨、吵鬧和歇斯底里，所付出的代價。

也許人們認為，她在若干地方吵鬧，也不能算是過分！是的，我們可以承認這樣的說法，可是這不是我們所討論的問題。而最重要的是，那種喋喋不休的吵鬧，是否對她有了某種幫助？還是把事情弄得更糟？「我想我真是精神失常！」托爾斯泰夫人覺悟到那句話時，已經晚了。

林肯的不幸婚姻

　　林肯一生中最大的悲劇，也是他的婚姻。請你注意，不是他的被刺，而是他的婚姻。當約翰・布斯向他放槍時，他並未感覺到自己受了傷……原因是他幾乎每天都生活在痛苦中。

　　他的法律同仁哈頓形容林肯在他 23 年來所過的日子，都是「處在由於婚姻不幸所造成的痛苦中。」「婚姻不幸」？那幾乎有四分之一世紀的時間，林肯夫人都是喋喋不休，困擾了林肯的一生。

　　她永遠抱怨，永遠批評她的丈夫，她認為她丈夫林肯的一切沒有一件是對的。她抱怨丈夫，腳步中沒有一點彈性，動作一點也不斯文，甚至做出丈夫那副模樣來嘲笑丈夫，她喋喋不休地要他改變走路的樣子。

　　她不愛看他兩隻大耳朵和他的頭成直角的……甚至指她丈夫的鼻子也不挺直，又指他嘴唇如何難看……手腳太大，偏偏腦袋又那麼小。她又說他像個癆病鬼。

　　林肯和他的妻子在各方面都是相反的……在教養方面、環境方面、性情上、志趣上……還包括智能和外貌上……他們時常彼此激怒、敵視。

已故上議員比弗瑞滋是研究林肯傳記的一位權威。他這樣寫著：「林肯夫人那尖銳刺耳的聲音，隔著一條街都可以聽到。她不斷地怒吼，凡住在鄰近的人們都聽得見。她的憤怒，常用言語以外的方法發洩出來，而要形容她那副憤怒的神情，很不容易。」

有這樣一個例子：林肯夫婦結婚後不久，和歐莉夫人住在一起——她是春田鎮上一個醫生的寡婦，或許為了貼補家裡一份收入，不得不讓人進來借住。

有一天早晨，林肯夫婦兩人正在吃早餐時，林肯不知為什麼激起了他妻子的暴怒，林肯夫人在盛怒下，端起一杯熱咖啡，朝丈夫的臉上潑去……她是當著許多住客的面這樣做的。

林肯不說一句話，就忍著氣坐在那裡，這時歐莉夫人過來，用一塊毛巾把林肯臉上和衣衫上的咖啡拭去。

林肯夫人的嫉妒，幾乎達到已使人無法相信的程度，她是那樣的凶狠、激烈……只需讀幾段她當著眾人的面所做的可憐丟人的事，就是 75 年後讀到這些事，還會令人吃驚。她最後精神失常了——如果我們厚道的說她一句，她一向就有點神經質的。

所有那些吵鬧、責罵、喋喋不休，是不是把林肯改變了？從另一

方面講，是的。那確實改變了林肯對她的態度，那使他後悔這樁不幸的婚姻，而且使他儘量避免跟她見面。

春田鎮有十一位律師，他們不能都擠在一個地方糊口謀生。所以他們常騎著馬，跟著當時擔任法庭職務的台維斯法官，去其他各地──那樣，他們才能在第八司法區裡各鎮的法庭上，找點工作。

其他律師們都希望周末回春田，回去跟家人歡度周末。可是林肯不回春田，他就怕回家，春季三個月，秋季三個月，他寧願留在他鄉，也不願意走近春田。

他每年都是如此。住宿鎮上小旅店不是一樁舒服的事！可是林肯願意單獨住在那裡，不想回家去聽她太太喋喋不休的吵鬧。

這就是林肯夫人、依琴尼皇后和托爾斯泰夫人，她們和丈夫吵鬧後的結局。她們所獲得的，是生命過程中一幕悲劇的收場。她們把珍愛的一切和她們的愛情，就這樣毀滅了。

海姆伯格在紐約的家事法庭工作十一年，曾批閱過數千件的遺棄

案件。他對這方面，有這樣的見解，他說：男人離開家庭的一個主要原因，是因為他們的妻子又吵又鬧，喋喋不休。

波士頓郵報上，曾報導出這樣一節：「許多做妻子的，連續不斷，一認又一次在泥地挖掘，而完成了她們一座婚姻的墳墓。」

所以，你要保持你家庭的美滿、快樂，第一項規則是：切莫喋喋不休。

只有傻瓜才會相信女人婚後會改變

英國大政治家狄斯雷利說：「我一生或許有過不少錯誤和愚行。可是我絕對不打算為愛情而結婚。」

是的，他果然沒有。在他 35 歲前沒有結婚，後來，他向一個有錢的寡婦求婚，是個年紀比他大 15 歲的寡婦，一個經過 50 個寒暑，頭髮灰白的寡婦。

那是愛情？不，不是的。她知道他並不愛她，而是為了金錢而娶她。所以那老寡婦只求了一件事，她請他等一年。她要給自己一個觀察他品格的機會。一年終了，她和他結婚了。

這些話聽來乏味，平淡無奇，幾乎像做一次買賣，是不是？可是，使人們難以理宗的是，狄斯雷利的這椿婚姻卻被人稱頌是最美麗的婚姻之一。

狄斯雷利所選的那個有錢的寡婦，既不年輕，又不漂亮，是個經過半世紀歲月的婦人，當然差得遠了。

她的談話常會犯了文學上、歷史事蹟上極大的錯誤，往往成為人們譏笑的對象。例如有這樣一椿有趣的事……「她永遠弄不清楚，是先有希臘，還是先有羅馬。」她對衣飾裝扮，更是離奇古怪，完全離了譜。至於對屋子的陳設，也是一竅不通的。可是，她是個天才！

她在對婚姻最重要的事情上，是一位偉大的天才——對待一個男人的藝術。

　　她從不讓自己所想到的跟丈夫的意見對峙，相反。每當一整個下午，狄斯雷利跟那些反應敏銳的貴夫人們對答談話，而精疲力竭地回到家裡時，她立刻使他有個安靜空間的休息。在這個愉快日增的家庭裡，在相敬如賓的氣氛中，他有個靜心休息的地方。

　　狄斯雷利跟這個比他年長的太太在一起時，那是他一生最愉快的時候。她是他的賢內助，他的親信，他的顧問。每天晚上，他從眾議院匆匆地回家來，他告訴她白天所看到、所聽到的新聞。而最重要的，凡是他努力去做的事，她決不相信他是會失敗的。

　　瑪麗安，這個 50 歲再結婚的寡婦，經過 30 年的歲月，在她認為，她的財產之所以有價值，是因為能使他的生活更安逸些。反過來說，她是他心中的一個女英雄。狄斯雷利是在她去世後才封授伯爵的。可是當他還是平民時，他請求維多利亞女皇封授瑪麗安為貴族。所以在 1868 年，瑪利安被封為「畢根菲爾特」女子爵。

　　無論她在眾人面前所表現的是如何的愚蠢、笨拙，他從來不批評

她，他在她面前，從不說出一句責備的話……如果有人嘲笑她時，他立即為她做強烈的辯護。

瑪麗安並不完美，可是在她後 30 年的歲月中，她永遠不會倦於談論她的丈夫！她稱讚他、欽佩他！結果呢？這是狄斯雷利自己說的：「我們結婚 30 年，我從沒厭倦過她。」

可是，有些人可能會這樣想──瑪麗安不知道政治，她一定是愚蠢的女人。

在狄斯雷利這方面，他認為瑪麗安是他一生中最重要的，那是他毫不隱諱的。結果呢？瑪麗安常告訴她的朋友們說：「感謝上帝的慈愛，我的一生是一連串長久的快樂。」

他們倆之間有一句笑話。狄斯雷利曾這樣說：「你知道，我和你結婚，那僅只是為了你的錢。」瑪麗安笑著回答：「是的，但如果你再一次向我求婚時，一定是為了愛我，你說對不對？」

狄斯雷利承認那是對的。

不，瑪麗安並不完美，可是狄斯雷利是相當聰明的人，他讓她保持原有的她。

詹姆士曾這樣說過：「跟人們交往，第一件應學的事，就是不干

涉人們自己原有的那種特殊快樂的方法……」

　　伍特在他所著的一部有關家庭方面的書上，這樣寫到：「婚姻的成功，那不只是尋找一個適當的人，而是自己該如何做一個適當的人。」

　　所以，你要你的家庭有個美滿、快樂的生活，第二項規則是：別嘗試改造你的伴侶。

在家庭中也可以使用外交手段

狄斯雷利在公眾生活中的勁敵是格雷史東。他們兩人凡遇到國家大事有可爭辯的，就會起衝突。可是，他們有一件事，卻是完全相同的，那是他們私人生活都非常快樂。

格雷史東夫婦倆共同度過了 59 年美滿的生活。我們很願意想像到，格雷史東這位英國尊貴的首相，握著他妻子的手在圍繞著爐子的地毯上唱著歌的那幕情景。

格雷史東在公共場合是個令人可怕的勁敵，可是在家裡，他決不批評任何人。每當他早晨下樓吃飯，看到家裡還有人睡著尚未起床時，他會運用一種溫柔的方法，以替代他原來該有的責備。

他提高了嗓子，唱出一首歌，讓屋子裡充滿著他的歌聲……那是告訴還沒有起床的家人，英國最忙的人獨自一個人在等候他們一起用早餐。格雷史東有他外交的手腕，可是他體貼別人，竭力避免家庭中的批評。

俄國女皇凱賽琳也曾經這樣做過。她統治了世界上一個面積遼闊的帝國，掌握著千萬民眾生殺予奪的大權。在政治上，她是一個殘忍的暴君，好大喜功的接連發起戰爭。只要她說一句話，敵人就會被死

刑。可是，如果她的廚師把肉烤焦了，她什麼話也不會說，微笑著吃下去。她這個容忍，該是一般男士們所效法的。

　　桃樂賽・狄克司是美國研究不幸婚姻原因的權威者。她提出這樣的見解：50%以上的婚姻都歸於失敗。為什麼許多甜蜜的美夢，會在結婚以後全部觸礁呢？她知道有一個原因，那就是因為毫無用途的、令人心碎的批評。

　　如果你要批評你的孩子，你以為我會勸阻你別那麼做……不，不是那回事。我只是要這樣告訴你，在你批評他們之前，不妨先把那篇雷米特所作的《父親所忘記的》文章看完之後再決定。

《父親忘記了》

　　《父親忘記了》是一篇短篇文章，卻引起無數讀者的共鳴，也成了誰都可以翻印的讀物。前些年，那篇文章第一次刊登出來後，就像本文作者雷米特所說的：「在數百種雜誌、家庭機關和全國各地的報紙上刊出，同時也譯成了很多種的外國文字。我曾答應了數千人，拿這篇文章在學校、教會和講台上宣讀，以及不計其數的空中廣播。

　　而使人感到驚奇的是，大學雜誌採用，中學雜誌也採用。有時候一篇短文，會有奇異的效果出現，而這一篇就是如此！

　　「我兒，你靜靜聽著：我在你酣睡去的時候這樣說，你的小手掌壓在你頰下，金色的頭髮給汗水黏貼在你額頭，我悄悄地來到你的房裡。那是幾分鐘前，我在書房看書的時候，突然一股強烈的悔意，激動了我的心，使我失去了抗禦，使我感到自咎地來到你床沿。

　　「孩子，這些是我所想到的事——我覺得我對你太苛刻了。你早晨穿衣上學的時候，你用毛巾輕輕擦了下臉，我就責備了你；由於你沒有把鞋拭乾淨，我也責備了你；當我看到你把東西亂丟在地上時，我也大聲責備你。

　　「吃早餐的時候，我挑剔你的過錯；說你這又不對，那又不

是……你把臂肘擱在桌上，你在麵包上敷的奶油太多。當你開始去遊戲，而我去趕火車的時候，你轉過身來，向我揮手說：『爸爸，再見！』我又把眉皺了起來，說：『快回家去！』

「午後，這一切的情形又重新開始。我從外面回來，發現你跪在地上玩石子，你襪子上有許多破洞，我看到那些小朋友羞辱你，馬上叫你跟我回來。買襪子要花錢，如果你自己花錢買的話，就會特別小心了！孩子，你想想，那種話竟由一個做父親的口中說出來！

「你還記得嗎？後來我在書房看報時，你畏怯地走了進來，眼裡含著傷感的神情。當我抬頭看到你時，又覺得你來打擾我，而覺得很不耐煩。我惱怒的問你：『你想幹什麼？』

「你沒有說什麼，突然跑過來，投進我的懷裡，用手臂摟住我頭顱，吻我……你那小手緊緊地摟著我，那是充滿了孺慕的熱情。這種孺慕的熱情，是上帝栽種在你心裡的，像一朵鮮艷的花朵，雖然被人忽略了，可是不會枯萎。你吻了我後，就離開我，跑上樓去了。

「孩子，你走後沒有多久，我的報紙從手上滑了下來，突然一種可怕的痛苦和恐懼，襲擊到我身上。那是習慣支配了我，整天責罵你，憎厭你，吹毛求疵的挑你的過錯。難道這是我對你的一種獎勵？

孩子，不是爸爸不愛你，不喜歡你，那是我對你期望太高了，我用我現在的年紀來衡量你。

「其實，你的品性中有很多優點，都是令人喜愛的，你幼小的心靈，就像晨曦中的一線曙光……

「這些都由你突然跑進來吻我、說晚安的真情上表現出來。孩子，在這靜寂的夜晚，我悄然來到你房裡，內疚不安地向你懺悔這是一個不懂事的父親，一個可憐的父親。

「如果你沒有睡去，我向你說出這些話，在你赤子的心裡，也不會了解的。可是，明天我必須要做到的是，做一個真正的好父親。你笑的時候、我也跟著笑，你痛苦的時候，我願意陪同你一起承受這個痛苦。

「當我有時沉不住氣要責備你時，我會咬自己的舌頭，把這話阻止下來。我會對自己不斷地這樣說：『是的，他還只是一個幼小的孩子……他還是個小孩子。』

「我恐怕自己已把你看作一個成年人了。我現在看到你疲倦地酣睡在小床上，現在我明白過來了，你還是個小孩子。昨天，你還躺在你母親的懷裡，你把頭臉依偎在她的肩上。是的，你還是個眷戀著慈

母愛撫的小孩子，我對你的要求，實在太多了……太多了！」

　　所以，如果要保持你家庭的美滿、快樂。請記住第三項規則，那就是：二不要批評。

請尊重女人的虛榮心

　　洛杉磯一位「家庭關係研究會」主任鮑賓諾，他作這樣的表示：

　　「大多數的男士們，他們尋求太太時，不是去尋找一個有經驗、才幹的女子。而是在找一個長得漂亮，會奉承他的虛榮心，能滿足他優越感的女性。

　　「所以就有這樣一種情形：當一位職任經理的未婚女性被男士邀去一起吃飯時，這位女經理在餐桌上會很自然地搬出她在最高學府所學到的那些淵博學識來。就餐過後，這位女經理會堅持要付帳單，結果，她以後就是單獨一個人用餐了。

　　「反過來講，一個沒有進過高等學府的女打字員被一位男士邀去吃飯時，她會熱情地注視著她的男伴，帶著一片仰慕的神情說：「真的，我太喜歡聽了……你再說些關於你自己的事……」結果呢？這位男士會告訴別人，說：「她雖然並不十分美麗，可是我從未遇到過比她更會說話的人。」

　　男士們應該贊賞女人的面部修飾和她們美麗可愛的服裝，可是男士們卻都忘了。如果他們稍微留意，就知道女人是多麼的重視衣著。如果有一對男女，在街上遇到了另外一對男女，女士似乎很少注意到

對面過來的男士，而她們似乎總是習慣的注意對面那個女子是如何打扮的。

數年前，我祖母以 98 歲高齡去世，在她去世前沒有多久，我們拿了一張很久以前她自己的相片給她看……她老花的眼睛看不清楚，而她所提出的唯一問題是：「那時我穿的是什麼樣的衣服？」

我們不妨想想，一個臥床不起的高齡老太太，她的記憶力甚至已使她無法辨認自己的女兒，可是她還想知道，這張老舊的相片上她穿的是什麼衣服。老祖母問出那問題時，我就在她床邊，這在我腦海中留下一個很深很深的印象。

當你們看到這幾行字時，男士們，你或許不會記得，五年前你穿的是什麼樣的外衣，哪一種的襯衫……其實，男士們也沒有絲毫的意識去記它。可是，對女人來講就不一樣了！

讚美是最好的媚藥

　　帝俄時代的莫斯科和聖彼得堡，養尊處優的那些貴族們，他們很注重禮貌，似乎已成了那些貴族們的一種習慣。當他們吃過一桌適口的菜後，一定要請主人把廚師叫來到餐廳，接受他們的讚美。

　　為什麼不用這種同樣的方法，在你太太的身上試一試呢？當她把一盤雞，燒得美味可口時，你告訴她，她把這盤菜燒得如何好，使你吃得非常適口！讓她知道你懂得欣賞，你並不是在吃草。就像格恩常說的一句話「好好的捧一捧這位小婦人。」

　　當你這樣做時，不要怕讓你太太知道，她在你的快樂中占著如何重要的地位。狄斯雷利是英國一位極富聲譽的大政治家，可是，我們已經知道，他決不認為人們都知道這件事是種恥辱……「我得到我太太幫助的地方很多。」

　　有一天，我翻看雜誌時，看到一份有關好萊塢的位著名電影明星埃迪康特的訪問記。上面是這樣寫的：

　　「在全世界所有的人中，我太太對我的幫助最多。當我還是個孩子的時候，她就是我一個青梅竹馬的伴侶，她引領我，鼓勵我勇往直前。我們結婚後，她把每一塊錢節省下來，投資再投資，替我積累了一筆財產。現在我們有五個可愛的孩子……她為我布置了一個可愛、

甜蜜的家，我如果有任何的成就，那完全要歸功於我的太太。」

在好萊塢，婚姻是一件冒險的事。甚至於倫敦的勞滋保險公司，也不願意打這個賭。在少數幾對著名的美滿婚姻中，巴克斯特夫婦就是其中的一對……巴克斯特夫人過去的名字叫蓓蕾遜，她放棄了極有前途的舞台事業去結婚。可是她的犧牲，並沒有損害到他們的快樂。

巴克斯特這樣說：「她雖然失去了舞台上無數的掌聲和讚美。可是現在，我隨時隨地在她的身旁，她隨時可以聽到我那出於由衷的讚美。如果一個做妻子的，想要從丈夫身上獲得快樂、歡愉，她可以從他的欣賞和熱愛中尋找到。如果，那種欣賞和熱愛是真誠的，那也是他的快樂所在。」

你明白了吧！

所以，如果你要保持你家庭的美滿、快樂。一項最重要的規則，就是第四項規則，那就是：給予真誠的欣賞。

其實女人在意的都是一些小事

自古到今，鮮花是代表愛情的語言。其實不需要花多少錢，尤其是在花季的時候，在街口、路口，都可以看到賣花的人。可是，有沒有一個做丈夫的，經常不忘記帶一束鮮花，回家給太太？你或許以為它們都是貴如蘭花，再不就是你把它們看作了瑤池中的仙草，才不需付出那般的代價，帶回去給太太。為什麼一定要等到你太太病到進醫院，才捧了一束鮮花去送她？為什麼你就不在明天下午下班回家的時候，給她帶回幾朵玫瑰花呢？如果你願意的話，不妨試一試！

女人對生日或是什麼紀念日會很重視！那是什麼原因？那該是女人心理上一個神秘的謎！一般男人都把應該記住的日子忘得乾乾淨淨，可是有幾個日子，是千萬不能忘記的，就像 19××年的那一天，是他妻子的生日……19××年的那一天，是他跟妻子結婚的日子。如果不能完全記起來，最重要的，別把自己妻子的生日忘記。

芝加哥一位法官叫塞巴司，曾處理過 40000 件起於婚姻爭執的案件，同時調解了 2000 對夫婦。他曾這樣說過：「一樁細微的小事，就會成了婚姻不快樂的根源……就拿一樁很簡單的事來說，如果一個做妻子的，每天早晨對上班去的丈夫，揮揮手，說一聲『再見』，就會避免很多觸上離婚暗礁的危險。」

勃洛寧和他夫人的生活恐怕是史冊上最可歌頌的事了。他們永遠注意到對方細節的地方，彼此間細微的體諒，使他們的愛情永恒。勃洛寧對他那個有病的太太，體貼得無微不至。她太太有一次寫信給她的姊妹說：「我現在開始有些懷疑，我是不是像天使一樣的快樂。」

　　有若干的男士對夫妻間每天發生的那些瑣碎的小事都太低估了，這樣長久下去，會忽略了這些事實的存在，就會有不幸的後果發生。

　　倫諾是美國處理離婚案件最方便和簡單的地方。法院每星期開庭6 次，平均每 10 分鐘判決一樁離婚案件。你以為有多少婚姻是真正觸上離婚的暗礁，而幾乎成為一幕悲劇的？我敢說，那是極少數的。

　　如果你有這份興趣，天天坐在倫諾法院裡，聽那些怨偶們所提出的他們離婚的理由，你就會知道愛情是「損於細微的小事」。現在你把這幾句話寫下，貼在你每天可以看到的地方：「這條路，我只能經過一次，所以，凡我所能為人做的任何好事，任何一點仁慈，讓我現在就做吧！不要遲延，不要忽略，因為我將不會再從這裡經過了。」

　　所以，如果你要保持你家庭美滿、快樂。第五項規則是：
隨時注意瑣碎細微的小地方。

別因為是自家人而忘記尊重

丹姆洛契和勃雷的女兒結婚（勃雷是美國一位大演說家，曾經一度是總統候選人），數年前，他們在蘇格蘭安德魯・卡內基家裡認識後，就一直過著愉快的生活。

他們相處融洽的秘訣是什麼？

丹姆洛契夫人曾這樣說：我們選擇自己的伴侶時，必須謹慎小心，其次就是婚後注意彼此的禮貌……年輕的妻子們不妨就像對待一位客人一樣，溫婉有禮地對待自己的丈夫。任何丈夫都怕自己妻子是個罵街的潑婦。

無禮、粗暴，會摧毀愛情的果實。……這情形我相信誰都知道，可是我們對待一位客人，總是比對待自己的家裡人有禮貌得多，這是很明顯的。

我們決不至於插嘴向一位客人說：「老天！你又在說那些陳腔濫調的老故事了！」我們絕對不會，常未獲得他人的許可，就拆閱人家的信件。同時，我們也不會窺探別人的隱私、秘密。可是，我們對最接近、親密的家人，發現他們一絲的過錯時，就會公然斥責，甚至侮辱他們。

現在再引用狄克司的話：「那是一樁令人驚詫的事，可是完全是事實……對我們說出那些刻薄、侮辱、傷感情的話的人，差不多都是我們自己的家人。」

瑞斯諾說：「禮貌是內心的一種特質，它可以教人忽略破舊的園門，而專心注意到園內的好花。」

禮貌在我們婚後的生活中，就像汽車離不開汽油一樣。

賀爾姆對家裡的人，體貼諒解，無微不至。他即使心裡有不愉快的事，也一定把自己的憂煩藏起，從不在自己臉上顯現出來，而讓家裡的人知道。

賀爾姆能做到這一點。可是一般人又如何呢？一般人在辦公室裡，把一件事處理錯誤，或是丟失了一樁生意買賣，給老闆、經理批評了幾句，他就巴不得趕快回家，把從辦公室裡受到的那股「窩囊氣」，發泄到家人的身上。

荷蘭人有一種風俗，人們進屋子前，把鞋子脫在門外面。我們可

以向荷蘭人學到這樣一個習慣，就是回家進門前，把一天所遇到不如意的事，都扔到門外，然後再進去裡面。

　　詹姆士曾經寫過一篇文章，題名為《人類某種的愚蠢》。他在裡面這樣的寫著：「本文現在所要講的，是人類的盲目愚蠢，每逢遇到跟我們自己感受不同的動物，或是人們時，我們會感到困擾和煩惱。」

　　我們都患有盲目的愚蠢！多少的男士們，他們不會跟顧客或是夥伴們厲聲的說話，可是會不加思索的向他們的太太發威。

婚姻才是一生真正的事業

如果為了個人幸福著想，他們應該知道，婚姻遠比他們的事業更重要。一個獲得美滿婚姻的人，遠比一個孤獨的天才，更為幸福。

獲得幸福婚姻的機會，究竟有多少呢？狄克斯女再這樣表示；她認為失敗的比例數，要占多數。可是鮑賓諾的意見並非如此，他說：「一個人在婚姻上成功的機會，比其他任何事業的成功機會來得多……一個開雜貨店的男人，失敗的機會要占 70%，可是進入婚姻的男女，有 70%是成功的。」

關於婚姻的問題，狄克斯女士作過下面這樣一個結論——

她說：「如果與婚姻比較，人的出生，只不過是短暫的一幕，至於死亡，那更不是一件重要的事了。女人始終無法了解，為什麼男人不把家庭也看作一項事業，使這項業務蒸蒸日上，成為一個甜蜜、美滿的家庭。

「雖然有若干的男士，認為娶到一個滿意的妻子和有一個美滿的家庭，比獲得千百萬財富還重要。可是在一般男士們中，很少有人會加以思考和真誠的努力，以期獲得他們婚姻的成功。他們把一生最重要的事情，交付在機會上。他們認為成功或失敗，那是要看運氣如何！

「女人們永遠不明白，為什麼那些男士們，在她們身上對運用一點外交手腕？當然，如果他們對她們，不用欺壓的手段，而使用了若干的溫柔，對他們來說，那是有益的。

　　「每個男人都知道，他可以差遣他太太做任何一件事，而並非是帶有某種目的的……如果說，他知道如何稱讚太太幾句話，說她是能幹的主婦，她會更樂於盡她的本分，把這件事做得更十全十美。如果有個做丈夫的，讚美他太太去年做的那套衣服，如何的美麗，她決不會打算今年再訂制一套巴黎新式的時裝。

　　「每個男人都知道，他們可以把妻子的眼睛吻得閉了起來，直到她盲如蝙蝠；只要在她的唇上熱情的一吻，即可使她啞如蚌蠣。

　　「而且每一個做妻子的，都知道她丈夫明白這一切，因為她已經為他預備好了一個完全的圖表，要他照著去做。可是，她卻又不知道，應該是熱愛他，還是應該討厭他。因為他寧可跟妻子吵鬧後，耗費些錢，替她買新衣、新車、珠寶等東西，而不願意奉承她一點。他不願意按她所渴望的去滿足她，去對待她。」

　　所以，要保持你家庭的美滿、快樂。第六項規則是：
　　要有禮貌。

究竟婚姻的癥結在哪裡？

那麼，婚姻的癥結是什麼？

花了四年時間，研究一百對男女的結果。漢米爾頓博士說：

「大多數婚後的衝突，並非由於性的配合錯誤——那只是武斷、疏忽的精神病理學家的意見。也就是說，如果夫婦之間，性生活十分美滿，其他許多小的衝突，亦自然地消失了。」

鮑賓諾博士是洛杉磯家庭關係研究所主任，他曾研究過數千人的婚姻情況，他也是美國一位研究家庭生活的權威者。依鮑賓諾博士的見解，婚姻的失敗，通常是由於四種原因而引起的。他把這四種情形列舉出來：

（一）性的不和諧。

（二）關於消遣的意見不相同。

（三）受到經濟的威脅。

（四）身心和情緒的不穩定、異常。

以上四點，是依其重要性，而先後分別舉出的，而「性」居了第一位，使人感到奇怪的是，「經濟困難」只居了第三位。

　　所有研究離婚原因的專家們，都認為「性」的配合是十分重要的。例如，一位家事法庭法官霍夫曼宣稱：「所有離婚案件中，十件中有九件，是由於性生活發生問題。」

　　一位著名的心理學家威森說：「性是人人所公認的在我們生活中一個最重要的問題，男女間幸福的破裂，大多數也是由性的問題所引起的。」

　　如果探討社會「高居不下的離婚率，你就可以發現百分之九十的理由都是十分濃縮的四個字「個性不合」，所謂「個性不合」百分之百都是性生活不協調！

不要做婚姻上的文盲

白特菲爾德牧師，做了十八年的傳教工作後，突然放棄了這項工作，去擔任紐約市家庭指導服務處的主任，後來他和普通年輕人一樣，結了婚。他曾這樣說：

「早年我做牧師的時候，從經驗中發現，那些來教堂結婚的男女們，雖然有長久相愛，想要結成婚姻的志願，可是有許多對結婚方面該知道的，卻是盲無所知，一點也不知道。」

他又說：「我們把婚姻中相互調適的大問題，交付給機會這兩個字。結果，離婚的比例，竟達到 16% 這個驚人的數目。這樣的結合，不是真正的結婚，那只是尚未離婚而已，也就是讓自己去受罪。幸福的結合，他們的婚姻並不聽憑於機會，他們替自己細心謹慎的選擇、計劃，就像一位建造房子的建築師一樣。」

白特菲爾德為了協助這項計劃的進行，許多年來，堅持凡請他證婚的那些男女們，必須坦白地跟他討論他們未來的計劃。由這項討論所獲得的結果，他得到了一個結論，那就是急於結合的男女，他們都是「婚姻的文盲」。

白特菲爾德博士說：「性只是婚後生活中一項滿足、愉快的事。可是，它是很重要的。人們必須要把這件事，調和的很適宜，不然，

其他什麼事也不用談了。」

可是，又如何使它適宜呢？

我們還是用了白特菲爾德的話來解釋：「感情的緘默，必須代以客觀的討論能力，和結婚生活的超然態度。要獲得這種能力最有效的辦法，就是根據一部學理精確、旨趣高尚的書……

所以，如果要使你家庭更幸福、美滿，那第七項規則是：閱讀一本有關婚姻中性生活方面的好書。

在此，並建議使你的家庭和睦的七種方法：

〔規則一〕切莫喋喋不休。

〔規則二〕別嘗試改造你的伴侶。

〔規則三〕不要任意地批評。

〔規則四〕給予真誠的欣賞。

〔規則五〕隨時注意瑣碎、細微的小地方。

〔規則六〕要有禮貌。

〔規則七〕閱讀一本有關婚姻中性生活方面的好書。

第六章

如何停止自己不開心

突然擊垮我的六個煩惱

企業家　布拉克・伍德

一九四三年夏天，我覺得好像全世界一半的煩惱都壓在我肩上。

差不多四十年的時間，我一直過著正常而快樂的生活，身兼丈夫、父親及商人的身分，除了日常生活的辛勞之外，即使不免偶遭挫折，但都是能力所能解決的範圍，而現在隨著戰火聲，突然襲來了六個災難。為此，我整晚在床上頻頻翻來覆去未能成眠，甚至害怕見到晨曦，可是，次日我又不得不再度面對它們。

這六個大問題是——

1・我辦的商業學校由於學生陸續出征而面臨財務上的危機。女孩子也大多數放棄學業而進工廠工作，因其薪水比從學校畢業後所得的還多。

2・大兒子被徵召入伍，因此我也像所有的父母一樣，每天為兒子的安全擔驚受怕。

3・奧克拉荷馬市已有一大片土地被徵收為機場用地，而我家的房子正好就在徵收地的中心。而被徵收的土地，只能拿到時價十分之一的錢來做為補償。更嚴重的是，如此一來，我將

如何安頓這一家六口呢？

4‧由於軍方在住家附近挖掘水道，我們家中的井水都乾涸了。因為已列為被徵收土地，因此挖新井等於浪費五百元。兩個月來，我不得不每天從老遠的河邊挑水來維生……

5‧我家離學校十六公里，我一直擔心哪天我福特車的破舊輪胎真的不行了，因為根本沒有新輪胎可以給我用。

6‧大女兒預定提早一年畢業。她很想念大學，但家裡又付不起學費。因此我一直十分苦惱。

有一天下午坐在辦公室思考這堆難題，決定把它們全部寫在紙上。當時我覺得世上再沒有比我背負更多煩惱的人了。雖然過去也曾面對挑戰，但都不像這些問題是在我能力所能控制的範圍之外，我覺得無能為力，重重地跌入絕望的深谷中。後來我把它們一一寫下，並隨手一丟，隨即完全遺忘了這回事。

一年以後，竟在無意間發現了這張紙，仔細閱讀後，發現所有當時的難題，都已隨著時光消逝了——

1‧當擔心學校是否非關門不可時，政府為了輔導退役軍人再教育，撥給學校補助金，學校的財務問題立即迎刃而解。

2‧大兒子已自軍隊退伍，在身經多次戰役之後，安然歸來。

3‧徵收土地建機場的事件也中止了。由於在我農場外兩公里的地點發現了石油而地價。暴漲，因而使政府收購不起。

4‧由於土地不必被徵收，便馬上不惜花費地掘了一口深井，因此水源問題也解決了。

5‧輪胎的事，由於勤於修檢並小心駕駛，因此它很耐用。

6‧女兒的教育費也是白擔心了。因為我奇蹟般地獲得一分兼差工作，使得女兒可以如願以償地上大學。

雖然有很多人說過：我們所憂慮的事有百分之九十九根本不會發生。但直到我親身經歷了這一場教訓，才真正體會出它的道理。

我很感謝這一個經驗，否則我恐怕還不知道：「杞人憂天」是多麼的愚蠢。現在我已深知：不要去憂慮那些自己能力所無法控制的事情，上帝自會安排一切的。

記住：所謂今天這個日子，是昨天的你所煩惱的明天。

應問自己：「我怎麼能相信我自己所擔心的事必然會發生？」

讀歷史快速轉換心情

美國名財政學家　羅加·巴布森

　　即使是對現在的情況悲觀得不得了，我也能在一個小時內驅逐這些憂慮，使自己一變而為樂觀、開朗的人。

　　我的方法是走進自己的書房，閉著眼睛抽出一本書，不管那是普列斯考的《墨西哥征服記》，還是史耶特紐斯的《羅馬帝王記》，我便隨意打開，專心閱讀。這書讀得越深入，便越會感到世界總是在苦悶中掙扎，文化常常瀕臨毀滅。史書中的字裡行間，寫盡了戰爭、飢餓、貧窮、疾病、及人類不人道的行為。一小時過去，走出這一段悲慘的歷史，我才發現現在比起從前，猶之天堂與地獄。如此，我便知道世界是朝向太平、安樂邁進的。

　　讀讀歷史吧！在一萬年的格局下去判斷事情，你會知道一點小小的煩惱，在永恆的眼光下，是顯得多麼微不足道啊！

我是如何從自卑感中站起來的

前奧克拉荷馬州參議員　艾瑪‧湯瑪斯

十五歲時，我一直為焦慮及嚴重的自卑感而痛苦不堪。一百八十八公分的身高配上五十八公斤的體重，活像根竹竿。而極端虛弱的體質更使我根本無法與同學打球、賽跑。更糟的是，由於嚴重的自卑而變得自閉。我躲開人群，成天縮在原始森林中，幾乎與外界隔絕的自家農場。經常一個禮拜裡看不到家人之外的面孔。

那時我日夜為自己這奇特而虛弱的身體煩得不得了，那種苦悶實在無可言喻。我的母親過去曾是老師，因此很能了解我的心情，於是對我說：「你要切切實實地求學用功。你的體格既然注定這樣，那麼你就要靠自己的頭腦來生活。」

由於父母親無力供我唸大學，因此我知道我必須靠自己去開一條路來。冬天時便用網子去捕捉黃鼠狼之類的動物，等春天出售毛皮，獲得了四元，再利用這筆錢買了兩頭小豬。到了第二年秋天小豬們長大了，再以四十元售出。我就帶著這些錢前往印第安納州就讀中央師範大學。每週以一元四十分為膳食費，五十分作房租。我穿著母親為我做的一件褐色襯衫，這是母親為了便於掩飾污漬及破綻而特意選用

的顏色，上衣則是父親的舊衣服。不但衣服不合身，連那雙穿舊的半
統靴也不合腳。鞋子寬度雖可伸縮，但更大的問題是橡皮由於太舊而
裂開伸出外面，每走一步鞋子便像要掉了一般。由於我一直很害怕和
其他同學來往，因此老關在自己的房內唸書。當時最大的願望是買件
合身的衣服穿在身上，不再感到丟臉就好了。

　　但由於後來發生了四件事，成為自己克服煩惱及自卑感的轉機。
其中之一甚至使我產生了勇氣、希望和自信，而改變了我的一生：

1 · 在進入師範學校短短八週後，我就通過了考試，獲得鄉下小
　　學教師的資格了。更棒的是聘期長達六個月。這是到目前為
　　止，除了母親之外，首次為其他人肯定的證明。

2 · 我參加當地一個「快樂，你好 Happy, Hello」的教育委員會，
　　以每天兩元或每月四十元聘用我！這又是另一個肯定。

3 · 在拿了一筆薪水後，我立刻買了一套自己喜歡的衣服。現在
　　即使有人給我一百萬，興奮激動之情，也不會超過當時。

4 · 我人生真正的轉捩點，也就是首次克服困惑及自卑感的光榮
　　勝利，是在印地安納州貝布利奇市的年度市集中，母親勸我
　　去參加演講比賽。但對我來說，那簡直是天方夜譚。別說在

　　公眾面前了，即使是一對一談話我都會不知所所措……

　　但是，母親對我的期待和信任深深激勵了我。於是我參加了演講大賽。膽敢以我了解不多的「美國的美術和學藝」為題參賽，這些並不構成問題，因為聽眾也不了解。我蒐集了許多美麗辭藻，以樹木、牛羊為對象反覆練習數十遍。我完全只是為了使母親高興。由於我投入了真情發揮自己的見解，結果居然得了第一名。

　　當時我簡直吃驚得不知如何是好，聽眾之間響起了一片熱烈的掌聲。甚至過去視我為小笨蛋的朋友，也拍拍我的肩膀，說：「艾瑪，我就知道你辦得到！」母親更是擁住我喜極而泣。

　　現在我回顧過去，那次演講大賽的勝利，正是自己一生中的轉捩點。地方報以頭版報導我的事蹟，大書特書說我的未來是值得期待的等等。因此一夕之間一躍而為名人。這件事給了我堅強的信心。如果我那時未獲獎的話，恐怕現在也不是參議員了。因為由於那時的入選，我的視野才大大拓展，而未為自己所知的潛力才開始得以發揮。更值得感謝的是，我得到了中央師範學校一學年的獎學金。

　　我渴望獲得更多的學識，於是此後數年間，我把自己的時間分為教和學兩個部分。為了賺取大學的學費，我一面幹雜役，幫人割草、

控制金屬提鍊的高溫熔爐⋯⋯在夏天也作過耕種及搬運砂石等工作。

　　一八九六年總統大選時，才十九歲的我，但為了助選而參加了二十八場演說。我忘不了為了布萊恩演說時的那種狂熱，因此決心也投入政界；進入哈佛大學時則修習法律和辯論術。一八九九年我代表學校參加大專校際辯論賽，以「以普選選舉參議員」為論題。另外，又在好幾個辯論大賽中得獎，一九○○年獲選為大學年報《海市蜃樓》等的主筆。

　　獲得學士學位後，我接受建議，不去西部而前往西南部──我到了新天地奧克拉荷馬，當了十三年州議員，經過多年的政治磨練之後，我終於如願以償，在一九二七年五十三歲時進了美國參議院。

　　以上並不是我在炫耀自己的成功。因為這對他人來說一點意思也沒有。我不過想藉著談論自己──過去曾只是穿著父親舊衣服、套著十分不舒服的破膠鞋的我──希望能喚起一些同樣苦於貧弱與自卑的不幸少年們的自信和勇氣。

　　附注：這位在青年時代曾經對於衣服不合身而抬不起頭來的參議員，最近──卻被公認為最懂服飾品味的參議員。

我生活在阿拉的樂園中

作家　Ｒ・Ｃ・波德烈

　　一九一八年，我離開了我生長的世界，渡海前往西北非，在所謂「阿拉的樂園」撒哈拉沙漠，和阿拉伯人一起生活。在那裡過了七年，學習游牧民族的話，和他們穿一樣的衣服，吃一樣的食物，過著和他們那種兩千年來幾乎一成不變的生活方式。我也成了牧人，睡在阿拉伯人的帳篷中。另外也詳細地研究他們的宗教，後來撰了：《神的使者》——罕默德傳。

　　和這群流浪的牧羊者生活的七年，是我一生中最祥和最滿足的時光。

　　在此之前，我已有了十分繁富的經歷了。雙親是英國人的我，卻出生於巴黎。我在法國住了九年，後來又進英國軍官學校，成為英國陸軍將校後，在印度過了六年。我在那裡一面擔任軍務，也一面玩馬球、打獵、去喜馬拉雅山探險。

　　第一次世界大戰時我隨軍出征，戰後以和約使節團副官身分被派到巴黎。巴黎所見給我很大的打擊。在西線浴血戰鬥的四年之間，我一直相信那是為了拯救文明。然而在巴黎的和會上，我卻親眼目睹那

些短視的政客由於自私而埋下了第二次世界大戰的種子。各國為了攫取私己的利益，而釀成國際間的敵意，並再度興起詭詐的祕密外交。

　　於是，我恨透了戰爭、軍隊、整個社會，生平第一次痛恨今日的生活方式，也因此連續失眠了好幾個晚上。

　　洛德‧喬治勸我進入政界，就在我打算接受其忠告之時，不可思議的事發生了。這件事決定了我往後七年的命運：我和一次大戰時最富傳奇性的人物──有「阿拉伯的勞倫斯」之稱的泰德‧勞倫斯短短不到二百秒的談話裡，他勸我和他一起到阿拉伯沙漠去。乍聽之下，覺得這簡直是異想天開的事。

　　因為已經決心離開軍隊，勢必從事某一種工作才行，而民間的企業家對我們這些出身軍隊的人是敬而遠之的；而勞動市場中更亮起紅燈，想謀份差事真是難上加難。因此，我採納勞倫斯的建議到阿拉伯去。

　　現在回想起來，我十分慶幸做了那樣的決定。阿拉伯人教會了我克服憂慮的方法。每一個虔誠的回教徒似乎都一樣是宿命論者。他們堅信穆罕默德在可蘭經上寫的每一個字都是阿拉真神神聖的啟示。

　　因此，可蘭經上寫著「阿拉主宰著你與你一切的行為」，他們就

毫無疑義地全盤接受，能以平靜的心去面對所有的苦難。他們認為一切都已在冥冥中注定了，並非人力所能改變。但也並不是說他們遭到不幸時，都一味聽天由命。

在那邊有一種稱為「焚風」的熱風，曾三天三夜以強猛的威力肆虐該地。由於實在是太強了，遠遠隔著地中海數百公里的彼岸法國隆河流域（編按：Rhone，源於阿爾卑斯山，流經法國東南部，最後注入地中海。）也都被撒哈拉的沙塵漫成一片灰濛濛蒼茫。

風勢強到極點，令人不禁要想頭髮是否被燒落掉了。喉嚨更是一片焦灼，眼睛發燙，齒間都塞滿了沙粒。感覺上好像站在瓦斯工廠的火爐前一般。我簡直快發狂了，但阿拉伯人絕對不會有任何的不平，他們只會聳聳肩膀說道：「這一切都是阿拉的旨意」、「這已經都在可蘭經上了」幾句話。

但是，一旦風暴停息，他們便開始採取補救行動。首先殺死所有感染病菌的小羊以拯救母羊。殺完了所有小羊之後，便把羊群引導到南方的飲水草地。他們似乎完全無視於自己所受的災害一般，仍舊平靜地工作。阿拉伯人的族長說話了：「還好！還好！一切財產都將損失之時，由於神的庇護，還留下了四成。這樣羊群又可以重新開始繁

殖了。」

　　另外，還有一次坐汽車穿越撒哈拉沙漠時，輪胎爆了。司機根本忘了備胎，於是我們只好使用三個輪胎。我又焦急又緊張，忙問阿拉伯人該如何。他們回答說：「緊張也無濟於事，只會更熱而已，爆胎是阿拉真神的旨意，我們無能為力。」此刻車子連外胎都掉了只剩下內胎，車子開始在地上爬。不久車子便動彈不得了，而且汽油也已用盡。族長只是平靜的說：「這一切都是阿拉真神的旨意。」大家都沒有責備司機事先沒加汽油，仍然一本平靜的態度，邊唱歌邊步行前往目的地。

　　在阿拉伯人共同生活的七年中，我確信了歐美的精神病患、瘋子及酒鬼等等，都是由於憂慮而緊張的生活產生的，也可以說是一種文明的產物。

　　在撒哈拉沙漠生活的那段時間，我一點煩惱也沒有，且輕易地找到了我們所拚命探求的精神上的寧靜與滿足。

　　回顧過去你會發覺許多事，根本不是自己能力所能控制的，阿拉伯人稱之「阿拉真神的旨意」。不論稱謂為何，這確是一種不可思議的力量。在我離開撒哈拉十七年後的今天，我仍保存著由阿拉伯人身

上學來的凡事樂觀的命定論。因為這種哲學比起任何安定劑都更有效地安定我的精神。

　　猛烈的熱風襲來，如果你無法阻止它，卻也不要逃避，而要勇敢接受，並準備展開劫後的補救行動。表面上或許是消極的，但都是一種勇於面對現實而努力出發的積極思想。

驅逐憂慮的五個方法

大學教授　威廉・費布斯

編按・作者在耶魯大學教授費布斯去世之前不久，和他暢談了一個下午。下面是當時談話內容的摘要——

在我二十四歲時，忽然感到眼睛不太對勁。只要看書三、四分鐘便感到刺痛難忍。有時即使不讀書也會十分敏感，最後連正視窗子等較明亮的東西也辦不到。求助過紐約名眼科醫生仍然無濟於事，每當過了下午四點，便只有躲在房中最暗的角落裡等待睡神的降臨，我擔心自己是不是會雙目失明。

就在那時發生了一件奇妙的事，證明了精神力量對於肉體上的痛苦，具有不可思議的影響力。就在我眼睛狀況最糟的那個悲慘的冬天，我應邀做了一場演講。

當時天花板上強列的燈光使我睜不開眼，於是我只能把視線移到地板。就這樣，只是望著地板一直演講，可是在三十分鐘的演講裡我一點也不感到眼睛的痛苦，也可以稍稍地直視光線了。但在演講結束

之後，我的眼睛又刺痛如昔了。

　　那時我便想，如果精神力量夠強，不要說三十分鐘，即使是一個禮拜，眼睛都可以恢復正常。這很明顯是精神上的力量戰勝了肉體上的痛苦。

　　後來我在橫越大西洋時也有同樣的經驗。由於腰痛得十分激烈，使得走路都十分困難。一要站起來，便感到劇痛。在那種情況下我應邀對乘客發表一場演講。

　　當一開始講時，我身上的痛苦和僵硬感便突然消失了。我挺直腰桿、神采奕奕的在講台上整整講了一個小時。演講結束後，我還輕輕鬆鬆地回到自己的房間。本以為腰痛從此根除了，但那只是暫時性的而已，不久就又舊病復發了。

　　這些經驗告訴我人類的心理因素是多麼重要，也告訴我儘可能快樂地享受人生是一件多麼必要的事情。因此我每天都以「今天」這個日子當成是開始，也是結束的「唯一的一天」去生活，因此，我熱愛生活中的每個細節，絕不被煩惱所折磨。

　　我也發現可利用閱讀自己喜歡的書來驅逐心中的煩惱。五十九歲

時，我患了慢性的神經衰竭，那時我埋首閱讀大衛・亞雷特・維森的名著《卡萊爾傳》，使得復原大有進展。這是因為藉著讀書來集中精神，便會忘卻憂鬱的緣故。

有時候我會意念消沈到極點，這時我便會拚命去活動自己的身體，每天早上先打網球，然後好好沖個澡，午餐後再打十八洞高爾夫球。星期五晚上，盡情跳舞直到凌晨一點為止。我是流汗主義的信徒。因為藉著活動拼命出汗，而所有的憂鬱、煩惱也都會隨之流逝得乾乾淨淨。

很久以前，我就開始避免使自己在慌慌張張的狀態下工作。我很欣賞韋伯・克洛斯的人生哲學。當他擔任康州州長時，對我說過：「當我突然碰到一件非做不可的工作時，我都先口含煙斗優閒地坐在椅上，一小時裡什麼也不做。」

我深知耐心和時間能夠幫我們消除憂慮。每當我為了某事煩惱時，我便以寬廣的視野來再度觀照它，然後對自己說：「兩個月以後，這些煩惱大概也不成其為煩惱了！為什麼不用兩個月以後的情勢

來面對現在的煩惱？」

　　歸納起來，費布斯教授用來驅逐憂慮的五個方法是：

1・以歡喜和熱情的態度生活。

2・唸自己喜愛的書，憂慮就不得其門而入了。

3・運動！讓運動同時排掉你體內的汗水及心理的憂慮。

4・放鬆心情去工作，避免在緊張的情緒下做事。

5・用廣闊的視野來觀照自己的煩惱—「兩個月以後，這些煩惱
　　大概就不成其為煩惱了！為什麼不用兩個月以後的情勢來面
　　對現在的煩惱？」

昨日已安度，今日又何懼

桃樂絲‧迪克斯

　　我是從貧窮和疾病的深淵中生活過來的，幫我走出深淵的是這樣的信念：

　　「昨日既已安然度過，今日又有什麼好怕的！而明天自有明天的安排，我絕不為它憂慮。」

　　回顧自己的人生，盡是幻滅的夢想、破碎的希望……等等，幻影殘骸遍地的戰場──我雖遍體鱗傷，但依然鬥志高昂，一點也不為自己的不幸悲傷，也不羨慕那些從未遭到苦難的女子。她們只是單純的存在而已；而我卻是毫不含糊地一步步走過人生的困境，我把「人生」這一杯酒裡的每一滴都酣暢淋漓地品嚐，而她們都只是嚐了嚐浮在表面的那層泡沫罷了。我知道了許多她們所不能了解的事，看過許多她們未曾目睹的東西。能夠擁有廣闊的視野，和全世界的人們成為姊妹的，只有這些用眼淚洗禮過自己的女士們。

　　我在名為「嚴格的試煉」這所偉大的人生大學中，學會了生活安逸的女性們絕對無法體驗得到的哲學。我學會每一天都真真實實地活著，絕不背負明天的憂慮。使我們膽小的，往往是來自想像中的陰慘

的壓迫感，而我驅除了它們。平日一些小小的不稱意，也不會對我們有任何的影響。在親眼看到幸福殿堂崩潰之後，碰到家中佣人做錯了事、廚師煮壞了湯之類的事時，心中完全不以為意。

　　我也學會了對他人不要有太多的期望，因此不但可免失望之苦，且能與人和平相處。遇到苦難時，更應以幽默的態度面對它。能以自嘲來代替歇斯底里的女性，絕對不會第二次陷入愁煩的苦境中。我對自己所遭遇的困境絕不抱怨，因為經由它們我才更加了解人生的每一隅，這就是最大的收獲了。

　　1‧我是生活在「今天」，不是昨天、更不是明天。

　　2‧我不對他人有太多期待。

　　3‧學會以幽默的態度來對付苦難。

相信自己擁有明天

J・C・貝尼

編按・一九〇二年四月十四日，有一個青年在懷俄明州雄心勃勃
地以四百元為資本，開了一間店，希望有朝一日成為百萬
富翁。這是一個人口僅有一千人的礦區小鎮，他和妻子住
在小閣樓上，以大箱子為餐桌，小箱子為座椅。生意忙的
時候，妻子就把孩子放在櫃台下，以便自己幫丈夫照顧生
意。現在，他們已成為世界最大布料連鎖店的主人了。
J・C・貝尼連鎖店，便是因他而來的。我最近和他一起
吃飯，他告訴我他生涯中最戲劇性的一刻。

　　很久以前，我突然陷入莫名的憂慮和沮喪中，這和事業無關，因
為連鎖店的生意好得很；倒是在一九二九年經濟大恐慌前夕，我和很
多人一樣，對於並非自己能力所能主宰的經濟局勢抱著悲觀的態度。
憂慮使我寢食難安，而終至病倒。
　　醫生警告我說病況嚴重要我躺在床上好好休養。此後也接受了十
分嚴苛的治療，但病情卸不見改善，且日漸衰弱下去，身心瀕臨崩潰

邊緣的我頓感人生灰暗，孤獨無依，好像家人、朋友都已背棄我了。

　　一天晚上，醫生讓我服下安眠藥，但似乎沒有什麼效果，不久就醒了過來。當時突然覺得那是我人生的最後一夜了，於是起身寫信與妻子訣別。上面寫道：「我大概無法看到明天的晨曦了……」

　　第二天早上醒來時，很驚訝自己居然還活著。我走下樓梯，聽到附近小教堂傳來的歌聲。我到現在還記得那時聽到的「神將照顧你」這首讚美歌。靜靜聆聽神聖的歌聲，心中突然產生了一種奇妙的感覺。我無法說明那種感覺，只能說那是一種奇蹟，我感覺自己好像忽然由黑暗的地窖中，重新被引到溫暖、可愛的陽光下。神向我伸出了慈愛的手！

　　從那天以後，我便完全由憂慮中解放出來。現在我已七十一歲，但那天早上在教堂所經歷的，卻是我一生中最閃耀、最戲劇性的二十分鐘——「神將照顧你。」

在體育館內動一動或出去走走

美國陸軍上校　艾迪‧伊加

　　每當開始為了某事煩心，我便設法勞動自己身體以發洩憂慮。跑步也好，去鄉下走走也好，或去連續打三十分鐘的拳擊袋、打打網球等等。不論是那一種運動都會為我清除掉這些精神上的殘渣。週末，我都會參加許多運動：奔跑在高爾夫球場上、網球場上、滑雪場上等等，藉著身體的疲勞，使自己的心能稍微離開法律問題以獲休憩，然後再投入工作、全力衝刺。

　　即使是在紐約工作時，我也經常在耶魯大學俱樂部的體育館去消磨一個小時的時間。打網球、滑雪時，你會忙得根本沒時間去憂慮了。因此，心中憂慮的高山頓時化為一堆小塚，進而消逝無蹤；新的思想會在心中開闢出一片寬闊的天空。

　　憂慮症最好的解藥是運動。一有煩惱，就要像埃及的駱駝尋找水一般充分的運動，另方面也把滿杯憂慮，化為烏有。

　　治療煩惱的特效藥是運動；解除煩惱，最好用肢體的運動，替代頭腦的運動。

我是個憂鬱的青年

吉姆・巴德遜

十七年前，當我在維吉尼亞讀軍校時，我是以「那個維吉尼亞工業大學的憂鬱小子」而聞名。我的煩惱十分嚴重，經常導致重病，並且再三不斷地發生，因此學校附屬的診所索性為我設置了私人專用的病床，護士一看到我，便會馬上跑來為我打針。我時時憂鬱，但有時甚至不知自己真正煩惱的是什麼。我擔心自己會不會因成績不佳而被勒令退學，我也擔心自己的健康，對於嚴重的消化不良及隨之而來的劇痛及失眠等等都煩惱得不得了。另外也困於經濟上的問題，擔心不能常買禮物送她、帶她去跳舞，更擔心她是否會因此棄我而去……

就這樣，我日夜為這些毫無意義的事情愁煩不已。

絕望之餘，我便把內心的種種苦惱向迪克・貝亞德教授傾吐。在短短的這十五分鐘裡，我欣見生命的曙光重現，黑暗隱遁。他說：「吉姆，沈著一點，清清楚楚地正視事實！你只要把花在這樣毫無意義的煩惱上的時間，拿出一半來用在解決問題上，大概煩惱都可以消除的。所謂煩惱，只是你自己驕縱養成的一種積習罷了。」

然後，教授便教我三種打破這個壞習慣的方法：

1‧弄清楚自己真正擔心的是什麼。

2‧找出問題的癥結。

3‧在解決問題上採取直接、建設性的行動。

　　這次面談之後，我便擬定了建設性的計劃。首先，不再像過去一樣老為物理不及格愁煩不已，而反過來責問自己，為什麼每次考試都會失敗？我並不是天資愚鈍，在維吉尼亞工業大學時，我不是還擔任學校新聞的主筆？

　　我在物理科上的失敗，是由於我對物理沒有興趣。因為我志於當工業技師，而對物理始終沒有努力過。我對自己說道：「如果物理不及格，學校便不授與學位，那麼，你一味排斥，這種作為豈不是太不聰明了？」

　　於是，我便去重考物理科，結果順利過關了，這是因為我拋棄物理很難的無聊念頭，而真正好好地唸了書的緣故。

　　另外，我也藉著打工解決了經濟上的拮据。我在學校舞會擔任調酒的工作，並向父親借錢，但在畢業後，便立即還清所有借款。

　　我也向那位令我擔心會嫁給別人的、心儀已久的女孩求婚，她現

在已是吉姆‧巴德遜夫人了。

　　現在回想起來，當時我的煩惱都是由於我太愛鑽牛角尖的結果。也就是忘記應該面對問題，而只是一味逃避事實而產生的一種精神不振的狀態罷了。

　　吉姆‧巴德遜藉著教授指導，他的一分析問題的根源而解決了所有的煩惱。

神給予的力量

神學院院長　約瑟夫・賽茲博士

　　這是相當古老的事，有一天我突然感到不安和幻滅感，想到將來會是一片黑暗時，突然看到手上所拿的新約聖經，裡頭有一句話吸住我的目光，這句話是：「把我送到地上的人，常與我同在──像父親一樣的神啊！你不要把我拋棄！」

　　在那一瞬間，我的人生改變了。自從那天以來我幾乎不間斷地重覆唸著那句話。近年來，到我家來和我商量的人很多，我總以這句話相贈。只因為它常與我同在、隨時給我心安、給我力量。它是我希望的泉源，「主啊！你不要把我拋棄！」我總是這樣複誦著。

　　一句話，可以改變一個人的一生！

困境是人生一帖良藥

泰德・耶利克遜

以前我是異常憂鬱的人，但現在已經完全改觀了。由於一九四二年經歷了一件事而使自己的煩惱一掃而空。

很久以前，我計劃利用一個夏季的時間去體會阿拉斯加漁夫的生活。於是，在一九四二年簽約參加由阿拉斯加迪亞克港出航的一艘9.8公尺長的拖網漁船的作業。因是小船，所以船員只有三人，即指揮全船的船長、助手、以及擔任雜務的船員。這個船員一般都是由斯堪地維亞人來擔任，而我本身就是斯堪地維亞人。

這種海底拖網捕鮭魚的方式完全聽任潮汐的起落，因此我經常一天二十四小時不停地工作。這種情況有時持續了一個禮拜之久。更麻煩的是他們把不想做的事全推到我身上：清掃地板、整理漁具、在充滿機械臭味及熱氣的令人做嘔的小艙中，用小鍋爐作飯……等等。另外，也要洗碗盤、修船、以及把捕到的鮭魚由船身丟到舢舨中，然後由舢舨把它們運到罐頭工廠。儘管我穿著長統橡膠靴，但是靴裡總是濕漉漉的，更糟的是連把裡面的水倒掉的時間也沒有！但是上面這些事跟一項稱做「拉軟木線」的工作比起來，就簡直像遊戲一般輕鬆

了。這項工作其實不過是站在船尾，把接連在拖網上的軟木浮標和繩索拉上來而已。但由於網子十分沉重，因此每次拉起來都戰戰兢兢的，一不留神的話，我和船反而會被它拉走。費盡全力把它拉上來之後，還必須把它放回原處。這樣的工作持續了好幾個禮拜，以致我累得簡直要癱瘓，全身劇痛得可怕。數月以後仍復如此。

好不容易可以休息時，我便躺在倉庫的濕床墊上，但背上最痛的地方剛好頂在床墊最堅硬的部分，就像遭人下毒一般痛苦——極度疲勞的這種毒藥。

我很高興自己有這一段經歷。由於極度疲累，使我完全忘掉煩惱。現今如果我碰到什麼棘手的問題，我便會這樣問自己：「耶利克遜，這會比當初拉軟木線的工作嚴苛嗎？」於是我就立刻恢復精神，重新面對問題。

因此，所謂困境，有時反而是人生的一帖良藥呢！曾經跌到深淵的最底層，那麼，還有什麼事值得你憂慮呢？

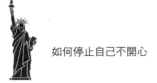

我是世上最糊塗的人

《販賣五大原則》作者　帕西・懷汀

由於常常生病，我比任何人更常在生死邊緣徘徊。因為父親是經營藥局的，所以我可以說是在藥房裡長大的。由於每天都和醫生護士們在一起，所以比一般人懂得更多的醫藥及疾病方面的知識。但我所得的並不是一般的憂鬱症——好像每當我對某一疾病多想了一些，就會呈現和真正患者同樣的症狀。

有一次，我們麻薩諸塞州布林頓的地方流行白喉，我家的藥房每天都要售藥給患者。這時，就如我所擔心的一樣，我也呈現白喉的症狀。最後經醫師證實確實得了白喉之後，反而大為安心。因為知道自己是確實患了病，而不是幻想出來的，便再沒什麼好恐懼的了。於是我在病床上翻了個身便安然地呼呼入睡了。第二天早上，我已完全復元了。

好幾年來，我患了各式各樣稀奇古怪的病，也受到了許多人的同情。更曾經因為破傷風及狂犬病而奄奄一息。到了後來，甚至患的是些長期的病了——癌及結核病等等。

我現在是含著微笑對各位說這些事的，但當時的心情可沒這麼輕

鬆。由於一直是在生死邊緣徘徊，因此每當春天買新衣時，我都會告訴自己：「誰曉得你是否來得及穿這套衣服，何必白白浪費這筆錢呢！」

幸運的是，最近十年之間，我不再在死亡邊緣徘徊不去了。

怎樣才能脫離死神的掌握呢？每次我生病時，就會自我解嘲地說：「喂！懷汀，二十年來你不斷經歷死神挑戰，贏得了無數次的勝利，現在連這點小病你就不勝煩惱，看看你這蠢蛋有多可笑！」

這麼一來就不會猜疑不定了。所以，現在每當我情緒低潮時，就會用這種自我解嘲的方式來安慰自己。這樣，憂慮就無法侵襲了。

編按·這個故事告訴我們：不要以過分嚴肅的眼光來看所有的事情。試著以自我解嘲的方式去面對憂慮，這樣就不會陷入極度的疑惑與恐懼中。

我總會確保最後的長城

世界聞名的牛仔歌手　瓊恩

　　我想一般人的煩惱，大概都是關於金錢及家庭方面。而我很幸運地和與我生活步調一致的姑娘結婚。我們共同為生活目標努力，因此使得我們家庭的紛爭減到了最低程度。

　　另外採行兩項措施，也使金錢上的困擾降至最低程度。

　　第一、無論何時都謹守絕對廉潔的原則，借的錢一定完全還清。因此我們和人沒有金錢上的糾紛。

　　第二、當我開始什麼新計劃時，總會考慮到碰到金錢上的困境時的退路。

　　軍事專家說，在戰爭中沒有比確保最後長城更重要的事了。我認為這個原則也同樣適用於人生的戰場上。年輕時我曾住過德克薩斯和奧克拉荷馬。這些地方每逢大旱便陷入貧匱的深淵中。我們家的生活原本就已夠艱辛了，一旦碰到這樣的非常時期，父親只好帶著馬匹到附近的村莊販賣以維持生計。因此我比任何人都需要安定的工作。所以我決定到車站去工作，並在餘暇學習電信技術。

　　不久後我被任為舊金山鐵路的預備通訊員，常被派遣出差各地，

以補生病或請假的缺。薪水一個月是一百五十元。後來，我又找到了一份更好的工作。但是我考慮到鐵路局工作在經濟上的保障，因此便和該局達成了不論何時都能重返原來工作崗位的協議。這就是我的一道長城。我絕不為爭取一份新的工作，而冒險放棄這最後的一道長城。

　　再舉個例子。一九二八年當我還在奧克拉荷馬州傑魯西的舊金山鐵路局擔任預備通訊員時，有天晚上有個我並不認識的人來打電報。當他看到我抱著吉他彈唱歌曲時，便建議我：「你音質實在不錯，不妨到紐約去闖闖！」自然，我高興得快要飛上天了，再看看電報上的名字，整個人跳了起來，因為他是威爾‧羅傑斯！

　　但是，我並沒有貿然飛奔紐約。我慎重考慮了九個月，最後決定前往，因為即便白跑一趟，但絕無任何損失——我享有免費乘車權，睡則睡在座位上，因此只要自備一些三明治及水果便行了。

　　於是，我出發了。到了紐約之後，先租了間一週五元的房間，在自動販賣機前解決三餐，花了兩個半月在市內徘徊找機會，但結果是沒有找到機會。如果我當初沒有預先保留工作的話，恐怕真會煩惱得生出病來！因為我已經在鐵路局工作五年了，因此有優先復職權。但

條件是中止不得超過三個月，而我已經花了將近兩個半月在紐約了，因此我急忙趕回奧克拉荷馬鐵路局復職，守住最後的長城。我開始努力工作存錢，然後再次向紐約出發。這一次被我碰上機會了。

　　那一天，我在等待唱片公司面試時，一面自彈自唱給辦理手續的小姐聽聽。那時我彈唱的是〈珍妮，我夢見了紫丁香花開〉這一首歌。巧的是，正當我唱得起勁時，這首曲子的作詞者奈特·席爾克勞特正好在辦公室。當他聽到有人在哼著自己的歌時，心中的喜悅自是不在話下。他於是特地為我寄了一封給勝利唱片公司的介紹信。我灌了張唱片，但成績不佳──不但歌聲太僵硬，且有點不自然。最後，我聽從了唱片公司的忠告，回到塔爾沙，白天在鐵路局工作，晚上則演唱牛仔歌曲。我十分滿意這種生活方式。也由於確守自己最後的保障，因此沒有什麼後顧之憂。

　　九個月間，我都在塔爾沙的廣播公司演唱。其中一段時間曾和吉米·隆格共同創作了〈白髮的老爹〉一曲。這首歌深受好評，美洲唱片公司總經理亞瑟·薩里要我為他灌一張唱片。這次終於成功了。從此以後，我便以一曲五十美元的價碼錄了好幾首曲子，最後終於成為芝加哥ＷＬＳ廣播公司專屬的牛仔歌手，薪水是每週四十美元。在那

兒我唱了四年，薪水一直升到每週九十元。此外，我也利用晚上在舞台表演，平均每週收入三百元。

　　一九三四年，無比的幸運降臨到我身上：好來塢的製作人們，企劃製作一部牛仔電影，因此在尋找一位新面孔、新聲音的牛仔。唱片公司的股東──也是該電影公司的投資者之一說：「如果需要能唱歌的牛仔演員的話，在我那兒倒有一個。」

　　經他這麼一說，我便踏入了影界，以週薪一百元主演及主唱。那電影開始拍攝了，雖然能不能成功還是個疑問，但我一點也不煩惱，因為我隨時可以回到過去的工作崗位。

　　很意外的，電影一推出，竟然十分叫座。現在我獲得十萬美元的年收入及電影淨利的一半。儘管我不認為這種好景定能長久，但絕不因此憂慮，因為不管發生什麼事，即使我失去所有的財富，我都還可以重返奧克拉荷馬去，保住我那摔不破的飯碗。

　　不會因為成功了，而忘卻了初衷……

1・和人不要有金錢糾紛。

2・確保最後的長城。

我在印度聽到神的聲音

傳教士兼辯論家　奧屈瑞

　　我將四十年的生涯奉獻在印度的傳教事業上。剛開始時，那裡的炎熱與工作壓力令我受不了，經常頭痛、神經緊張以致昏倒。於是，在第八年年終時，教會命我回美國休息一年。在回程船上的禮拜天講道時，我又再次不支倒地。船醫警告我此後旅途上都必須躺在床上不准起來。

　　在美國休養一年後，再次出發前往印度。途中曾為大學生們演講而昏倒，於是醫生警告我若再回印度，遲早會送掉命。我不理會他的警告，仍然直奔印度，但內心卻陰霾重重。到達孟買時，我已虛弱到極點，只好直接去山區休養了幾個月。

　　此後，我仍回到平原地帶，繼續我的傳教，但情況依舊沒有好轉，我仍常昏迷，因此非得再回山區休養不可。然而一旦回到平原地帶，暈倒的情況仍再三發生，我真是灰心透了，身心都衰弱到極點，我擔心自己此後的下半輩子是否就這樣像個廢人一樣……

　　若非神向我伸出了援手，我想，我大概只好放棄傳教而選擇回農村度完餘生一途了。當時是我一生中最黑暗的時刻。有一晚禱告時，

我感覺好像聽到了親切而溫柔的聲音──

「你想繼續我召喚你去做的事業嗎？」

我回答：「主啊，我已不行了，我的力量已耗盡了！」

那個聲音再度響起：「如果你信我，就不會再擔心了。如果你想忘卻這些煩惱，把它們都交到我手上來吧，全交給我吧！」

我立刻回答：「主啊，我願切切實實和你約定。」

於是，一般安全感油然而生，走遍了全全身，我感覺到無限的安心與祥和，我已經和神約定了！生命！我已經擁有豐富的生命了，我陶醉在天國般的舒暢中。當天晚上回到屋子時，我快樂得好像腳都不著地了。此後好幾天我都從早忙到晚，甚至躺在床上時還奇怪自己為什麼一點也不累、不想睡，彷彿生命、和平及安寧──也就是基督本身──已經都降臨在我身上一般。

我不知是否要把這件事告訴其他的人。最後還是覺得應該說出來和大家分享。

我不知道別人信不信，相信從那時起我開始了我生命中最忙碌的二十多年，但過去的苦惱再也沒有發生過，而且，不只是肉體方面而已，我覺得我也挖掘到了靈魂的新生命之源，我的人生被提昇到更高

的層次。

　　此後，我環遊世界各地，有時一天講道三次，且利用餘暇撰寫《印度各地的基督足跡》十二冊。我在工作上是如此地專注和投入，過去使我痛苦的那些煩惱，早就煙消雲散了。現在我已六十三歲了，但仍然精神充沛，滿心為人類奉獻的喜悅。

　　我也許可以利用心理學的方式，來仔細分析和說明我所體驗的肉體和精神上的變化。但是，生命比起這些過程的經歷更為偉大，當自己感到滿滿充實的生命時，其間的過程便像影子般地微不足道。

　　但是，仍有一個過程依然十分清晰──三十一年前我的人生在印度拉克諾的一夜中徹底改變而被提昇到更高的境界。就在我心灰意冷到達極點時，我聽到耳際傳來這樣美妙的聲音：「如果你想忘卻這些煩惱，把它們都交到我手上來吧，全交給我吧！」、「主啊，我願切切實實和你約定。」

一生中最狼狽的時刻

霍瑪・克洛伊

　　我一生中最感狼狽的時刻是在治安人員走進我家門前，而我自己卻倉皇從後門逃出的那一剎那。從此我失去了長島希爾斯森林的家——我的孩子們的出生地，也是我和家人住了十八年的家。真是做夢也沒想到這種事會發生在我身上。

　　十二年前，我還是個自認為世上最幸福的人！我的小說《水塔之西》被拍成電影，所獲的鉅額版稅打破了好萊塢歷年來的記錄。我和家人在海外過了兩年愉快的生活，夏天在瑞士、冬天在利比亞，完全一副有錢人家的派頭。

　　我在巴黎的六個月中，曾寫了一部《他們應該來巴黎參觀一趟》的小說。威爾・羅傑斯擔任這部改編電影的主角。這是他的第一部有聲電影。有人希望我留在好萊塢，繼續為威爾・羅傑斯寫電影劇本，我也確曾為之心動，但最後還是婉拒而回到紐約。從此開始了一連串的不幸……

　　不知打何時開始產生了一種幻想，認為自己還有潛藏著的才能，只是尚未發揮出來。我有了自己擁有企業家的手腕的錯覺。我不知道

聽誰說約翰・亞斯特在紐約大量收購並壟斷土地而致富。亞斯特是何方人氏！不過是一個講話帶有鄉音的商人罷了，連這一號人物都能成功，那我當然更……好吧！好好大幹一場吧！於是我便迫不及待地翻出所有有關的文章。

　　我是初生之犢不畏虎。一如愛斯基摩人對石油一竅不通般，我對不動產也一無所知。而做為一個企業人士，在我看來就像下賭注一般只要把大筆大筆下注的必要資金先拿到手便行了。這倒是很簡單，我於是抵押了自己的住家，而押在希爾森林大廈大樓的建築用地，然後等待哪天有人炒地皮以使它價格節節上漲，心想趁它暴漲時再加以脫手，便可以過豪華的生活了，最後竟連手帕般大的面積也沒賣出。而當時的我竟還在可憐那些在辦公桌上兢兢業業，卻只按月領取微薄薪水的朋友。同時對於神並非賜給每個人都有我這種商業頭腦，而堅信不疑。

　　突然，不景氣的狂潮像堪薩斯的龍捲風一樣地襲來，我就像小小的雞舍般，突然被捲入暴風中。

　　我開始每月都必需把二百二十元投入我那無底洞般張著大口的土地之中。隨著時間的消逝，我不但沒錢繳納我用房子所貸款的利息，

甚至連生活費都成了問題了。我開始再次提筆為文，但投稿的文章往往石沈大海，小說也並不成功，而所有的借款已經用盡了。身上所剩能夠充當抵押品的，只有打字機和假牙罷了。早上牛奶不再送到，瓦斯也被切了，終於到了非買那種常在廣告上看到的用來野炊的小爐子不可的地步了──就是那種先把汽油注入圓筒之中，然後用手去點火而倏地一聲蹦出火焰的那種東西。

　　煤炭也被中斷了，甚至還吃上倒帳的官司。唯一的熱源只剩暖爐而已。我利用晚上山去撿一些有錢朋友正在興建新屋時所棄置不用的木板和木屑來充作燃料……本來，我應該像他們一樣有錢的……

　　憂慮的結果，引起了失眠症。當半夜醒來，為了使自己入睡，只好到外面走上兩、三個小時，直走到累極了再回去睡。

　　我所失去的不只是土地而已，所投入的心血，也都付諸流水了。

　　銀行來查封房子，把我們一家趕了出去。我好不容易才又掙到一點點錢，租了一棟小小的公寓以棲身。我們是在一九三三的除夕搬進去住的。當一個人坐在打包的箱子上，腦中浮現了一句母親經常掛在嘴上的古諺：「等到牛奶打翻了之際，才發現就太遲了！」

　　但是，我打翻的不是牛奶，而是我所有的心血啊！

　　過了一段時間之後，我對自己說：「你雖然跌到了谷底，但是畢竟是忍耐過來了。從今天起，只要全力往上爬就可以了。」

　　我發現在我所有的資本之中，還剩有一些未為我拿去抵押的東西，那就是健康、以及朋友。我應該重新出發，拋棄無意義的後悔！我時時讓自己想到母親那句諺語，以珍惜自己的所有。

　　我把過去浪費在煩惱上的精力全轉移到工作上，而情況也一點一滴慢慢好轉起來。現在我甚至感謝自己能有那麼悲慘的經驗。藉著它，我才真正體會到力量、忍耐和自信的真正意義。

　　我現在已了解跌到痛苦的深淵是怎麼回事了。人類的忍耐力是出乎自己意料之外的。如今每當我遭遇到任何足以攪亂我心的小小煩惱與不安，我便會回想起當年我坐在打包的箱子上對自己所說的：「你雖然跌到了谷底，但是畢竟是忍耐過來了。從今天起，只要全力往上爬就可以了。」這樣，就能把憂慮驅逐了。

　　不要去撿已經掉在地上的木屑！既然已掉落到底了，那麼從現在起，就只有往上爬了。

最大的敵人是自己

拳擊手　傑克森‧田普賽

在漫長的拳擊生涯中，我體會到我所迎戰的最頑強的敵人是「煩惱」，也領悟到不克服它便會失去力量而和成功完全絕緣的道理。於是，我漸漸找出自己的一套方法，在此向各位說明——

一、是為了維持自己在拳賽中的勇氣，因此在比賽中對自己加油聲援。例如和法波比賽時，我便一直對自己說：「不管發生什麼事，我都不會輸！難道我還會輸給法波那傢伙嗎？就不顧一切地猛打回去吧！」像這種激勵自我的方式，對我非常有效。由於這些話已經深深烙在心裡，因此幾乎真的感覺不到對方出拳的威脅。在長長的拳賽生活中，我的嘴唇曾經被擊裂，肋骨被打斷，甚至被法波打得飛到場外記者的打字機上，而把打字機壓得稀欄。但我都一點也沒感到被法波擊中。我真正感覺到對方攻擊的只有一次。那次我被對手雷斯特‧詹森打斷三根肋骨，但我也不覺得對方的拳多有威力，只是感到呼吸困難而已。這就是我唯一真正感覺到被對方攻擊的一次了。

二、是提醒自己憂慮有多愚蠢。我的憂慮大致上都是發生在賽前的訓練時期。那時到了晚上，我在床上翻來覆去，擔心得難以入

眠——擔心手也許會裂開、腳說不定會被打斷、擔心第一回合眼睛就被打腫，以致一開始便無法承受對方攻擊……等等。每當陷溺在這種狀態時，我便會離開床去照鏡子並對鏡子裡的自己說：「為尚未發生的事，或是也許根本不會發生的事而擔心，豈不是太愚蠢了！人生是很短的，誰知道還能活多久、那麼為什麼不在活著的時候愉快一點？健康是最重要的。健康地活下去吧！」於是，我便告訴自己睡眠不足和煩惱是對健康有害的。每天都不斷反覆告訴自己這些，久之便完完全全刻在自己的心版上了，而一切的煩惱也都可以讓它像流水般地一去不返了。

　　三、最為有效的是祈禱。我隨時與主交談——賽前、賽中每回合的鈴響前……由於祈禱，我才能夠滿懷勇氣和自信去迎戰。到現在為止，我不曾有一天沒有禱告便逕自上床的。在還沒向神感恩之前，也是絕不用餐的。神是否接納我的祈禱？當然！而且祂對我的回報還遠遠超出我所求的。

只要不停的工作……

教師　凱薩琳‧哈爾特

　　從小我就生活在恐懼的陰影中，媽媽由於心臟病，經常突然間就昏倒，我終日擔心她會死掉，這樣我們就得被送到孤兒院。所以六歲的我，經常暗自祈禱，請上帝保佑母親不要死掉，讓我們不必被送進孤兒院。

　　二十年後，弟弟也同樣臥病床上，他甚至無法照顧自己。為了減輕他的痛楚，我必須不分晝夜地每隔三個小時幫他注射一次嗎啡，就這樣持續了兩年，但他還是離開了人間。那段期間，我剛好在聖衛理學院教授音樂，每當鄰居聽到痛苦的哀叫聲，就會立刻打電話給我。而我也顧不了是上課還是下課，就立刻衝回家替弟弟再注射一針。每晚睡覺前我都把鬧鐘調整為三個小時鈴響，以便能準時幫弟弟打針。還記得每到冬天，我就會把牛奶放到窗台，經過三小時後、牛奶就冷凝成一種軟綿綿的冰淇淋，那是我最愛吃的東西，藉著這個誘惑，才讓我在冬天夜裡迅速爬起，而不致耽誤正事。

　　這兩年來確實很苦，但我堅持兩個原則，使自己不致陷入悲觀、消極的深淵裡。第一個原則就是不斷地工作，藉著忙碌來麻醉自我。

每天我都安排了十三至十四個小時的音樂課程，這樣，就沒有時間再去想自己的煩惱。一旦發現自己有憂鬱的傾向時，就會反覆提醒自己：「只要身體健健康康、自由自在地，就是最大的幸福，你還有什麼不滿足的呢？」

第二個原則就是抱著感恩的態度珍惜自己的幸福，想想自己比別人幸運的地方，想想自己所擁有的一切。這樣就能敞開心胸，坦然面對一切了。

這位女音樂老師所採用的兩個原則就是──

一、不斷地工作，讓忙碌來麻醉自己，使憂慮不得其門而入。

二、抱著感恩的態度珍惜所擁有的一切，想想自己比別人幸運的地方，這樣，就能心懷感激，知足常樂了。

調整自己的心態

卡麥倫・西普

　　幾年來我在加州華納公司的宣傳部工作得相當愉快。我主要的工作是為華納所屬的明星們撰寫文章，藉以打知名度。

　　但突然之間，我被升為宣傳部的副理，負責人事改革業務組織，以及管理的重要責任。我感到自己好像肩負起華納公司宣傳方針的全部責任。

　　我擁有私人的冷氣大辦公室，兩個祕書及七十五位採訪員。我有點飄飄然的感覺，立刻買了新衣服，裝模做樣地擺出派頭對人說話。我制訂了檔案制度，凡事嚴以律己，連中午休息時，也絲毫不肯鬆懈。

　　不到一個月，我就懷疑是否患了胃潰瘍或甚至是胃癌。工作繁重得很，而感到時間實在少得可憐，這已演變成生死攸關的問題了，我想我並不適合這樣的工作。

　　想來，這是我一生中最痛苦的病痛。我的內臟出現了硬塊、體重銳減、夜裡也無法熟睡。苦痛一直不斷折磨我。於是不得不求助於醫生了──

這位醫生簡單地問了我有關症狀及我的職業等等，似乎對我的病情還沒有對我的職業來得關心。此後半個月，每天他都為我進行檢查。在Ｘ光螢幕透視檢查、及其他種種的精密檢查之後，終於，他對我提出診斷的結果——

「西普先生！」他把背靠在椅子上，一面遞給我雪茄說：「這兩週裡，已經試過各種檢查方式了，可以確定的是您並沒有胃潰瘍。但依您的性格，大概不給您證據，您是不會相信的！那麼，就讓我們來看看這些結果吧！」

他說著，便指著一些圖表及Ｘ光片為我詳細解釋。從那些東西看來，的確是發現不到任何胃潰瘍的影子。

「但是，」醫師繼續說道：「畢竟您是花了不少費用的。對您而言，只有這一點點結論，或許您是不會滿意的。所以我能送給您的處方，就是『不要焦慮』一句話而已。」

當我起身要辯駁時，卻被他制止了，「我知道，你不會立刻就接受我的處方的。因此，為了使您放心起見，我也給您一些藥。那只是普通的鎮定劑而已，會使神經稍微緩和一些。」

接著，他又說：「但是說真的，您的病實在沒有服藥的必要，您

必須做的只是停止憂慮而已，如果再開始有所憂慮，那就非來這裡不可了，只是我又會再向你收取昂貴的診斷費了！」

　　過了不久，我很想跑去告訴醫師說我已如他所忠告的停止了煩惱。但事實上並沒有這麼簡單。此後數週，只要有使我掛心之事，我仍須要借助鎮定劑，才能鬆弛緊張的神經。

　　但是自己越想越生氣——我有異乎常人的高大身材，身高不遜於林肯，體重也近九十公斤，這樣的體格，卻非要藉著小小的白色藥丸來安定經神不可！每當朋友問及那是什麼藥時，我實在恥於照實回答。

　　漸漸地，我開始嘲諷自己：「喂！卡麥倫，做這樣愚蠢的事，你也未免太小題大作了吧！小小的工作都把它想成這般的嚴重！貝蒂．戴維斯、詹姆斯．強尼、愛德華．羅賓遜等人，在你負責他們的宣傳之前，便早已是國際上的熠熠紅星了。即使今晚卡麥倫突然暴斃，華納公司和明星們的一切還不是仍然照樣順利進行，一點兒小困難也不會有。想想艾森豪、馬歇爾及麥克阿瑟，他們指揮大軍作戰，可需要藥丸的照顧？而你吧？不服用那小小的藥丸，便緊張得驚惶失措，那不是很可笑嗎？」

　　於是，我開始以遠離藥物為榮起來。不久，我便把藥都扔入水溝裡，並養成晚餐前小睡片刻的習慣，就這樣慢慢地恢復了正常的生活方式。此後，我再也沒有去求助那位醫生了。

　　但我一直都對那醫生深懷感激，也覺得當時所付的昂貴診察費，實在是太值得了。但最令我敬佩的，還在於他並未嘲笑我的愚蠢。他並沒有直截了當地問我：「你是不是有什麼憂慮？」而是讓我自己去揭開自己的底細；他並沒有使我當面下不了台，而是指引我一條遠離憂慮的道路。他深深了解，正如我也已經知道的一般，治癒我的疾病的，並不是那小小的藥丸。而是自己調整心態以後，便走出了那層層的陰霾，重獲健康快樂的人生。

別想太多了……

威廉‧伍德

　　兩、三年前，我一直被嚴重的胃痛所困擾，往往因為劇痛以致無法安眠，幾乎每晚都由睡眠中醒過來兩、三次。由於父親是死於胃癌，因此不由得擔心自己是否也患上胃癌——至少會變成胃潰瘍吧！於是，我決定到醫院接受檢查。醫生替我進行螢幕透視檢查也照了 X 光。他們只給了我安眠藥，並告訴我並沒有胃癌或胃潰瘍的任何跡象，還告訴我說，我的痛苦只是情緒性的緊張，並問我是否在我的教會裡碰上了什麼困擾的事……

　　的確，除了每個禮拜天的例行講道，我還參加所有的教會活動，每週二、三回的葬禮及其他的雜務。

　　我在緊張不斷的狀態下工作，完全沒有任何休息鬆弛的時間。經常緊張兮兮，幾乎到了凡事都要擔心的地步了。有時緊張到身體都不住地打顫。一直為此所苦的我，也就欣然接受醫師的忠告，規定星期一是假日，並且決定減少各種活動。

　　有一天，當我正在整理抽屜時，腦中浮現出十分有效的拋掉憂慮的方法。我注視了一下堆積如山的講道筆記及一些舊便條紙，然後把

它們一一揉成紙團扔進垃圾桶內。就在這時，我忽然停下手，一個人自言自語了起來：「喂！如果把煩惱像這些筆記和便條一樣，揉一揉然後丟到垃圾桶裡，將會怎麼樣？為什麼不把過去的一切煩惱，全都扔掉？」

這可以說是由現實的情景觸發而來的靈感，我感到卸下肩上重擔似地輕鬆，我決定把這些日子以來難以解決的問題，通通扔進垃圾桶中。

後來有一天，我一邊幫太太洗盤子，一邊看著邊洗盤子邊唱著歌的她，這時，我產生了另外的靈感，我對自己說：「看看！你的太太看起來不很幸福嗎？結婚也快十八年了，在這十八年間，她一直在為你洗碗盤。如果在我們結婚時，她預想未來必須每天不斷洗盤子的話，結果又將如何？累積起來髒盤子豈不堆積得連倉庫也容納不下了嗎？光是想到這件事，必定夠厭煩了吧！」

我再對自己說：「她之所以對洗碗盤完全不在意，是由於她一天只想一天的份。」我抓到自己煩惱的關鍵，那就是我對今天的盤子、昨天的盤子、再加上還沒有髒的明天的盤子，都打算一起去洗的緣故。

我發現了自己的愚蠢，每個星期天我站在講台上告訴教友如何生活的方式，而自己卻過著緊張及焦慮的日子。我羞愧得不知如何自處了。

　　想通了之後，我開始不再憂慮，胃也不再痛了，而且也和失眠症完全絕緣了。活在今天，就要把昨天的煩惱統統扔到垃圾桶裡，而明天的盤子，也絕不需要今天就去洗它。

　　「明天的重荷加上昨日的重荷，把它們統統放在今天來背負，不論是多強的巨人，也會負荷不了！」──的確，這不是精神正常的人所能勝任的事。

煩惱於事無補

戴爾・休斯

一九四三年，我住進了新墨西哥川阿爾巴坎的榮民醫院。當時我不但斷了三根肋骨，連肺部也受了傷。這個意外是發生在夏威夷群島舉行的水陸兩用艇敵前登陸的演習中的。就在我打算由艇上跳下的瞬間，突然襲來一個大浪捲起了整艘登陸艇，我的身子失去了平衡，被重重地摔到沙灘上。由於強烈的撞擊，以致有一根折斷的肋骨甚至刺到了肺部。

住院了三個月後，醫生宣告我的病不再有任何的改善，而我以前又是個生龍活虎的人，在院中三個月，一天二十四小時卻都得仰臥病床，一動也不能動，除了思考什麼也不能做。但想得越多，煩惱也越多：我的未來將如何、會不會就這樣一生殘廢、還能不能結婚過正常生活……就這樣憂慮得終日愁眉不展。

於是，我一再要求醫生把我調到隔壁稱為「鄉村俱樂部」的病房。在那裡傷兵可以隨心所欲做自己喜歡的事。

在那間鄉村俱樂部中，我對橋牌大感興趣，花了六週的時間，我學會了玩法並和病友卡柏森討論有關橋藝方面的書籍。我每天晚上都

泡在橋牌中，一直到出院為止。此外，我又對油畫發生了興趣，於是每天下午三點至五點都和老師在一起學習。我也學習用肥皂和木頭來雕刻，而光是閱讀這方面的書籍便是件十分愉快的事了。由於每天都過得十分忙碌，因此根本沒有時間去煩惱身體的病況。我也把紅十字會寄贈的書讀得爛熟。三個月後，醫療人員來這裡看到我都驚訝於病情的改善，紛紛向我道賀。高興之餘，我真想大喊「萬歲！」

　　我想說的便是，當我一動也不動地終日躺在床上煩惱著未來時，我自身的情況根本不會有任何改善，反而會由於煩惱而毀了自己的身體。但是一旦我把心放在橋牌上，熱中於練習油畫及雕刻時，心情一開朗，病情也隨之大有起色。

　　然而，現在我和每個人一樣，過著快樂的生活，我的肺也和大家一樣健康無恙。

　　請大家記住，蕭伯納說的：「悲哀的由來，在於懷疑自己是否幸福。」

讓時間解決一切

路易斯‧曼丹特

憂慮剝奪了我十年的人生。

這十年正是人生的黃金時期──十八歲到二十八歲。直到今天我才終於了解到，把這段光陰浪費在毫無意義的事情上，完全是咎由自取。

我憂慮自己的工作、健康、家人、能力……等等，內心一直有股莫名其妙的恐懼感，即使過個馬路，都會因害怕遇到認識的人而提心吊膽。就算碰見了，也假裝沒看見，因為害怕被對方裝作不認識而弄得自己尷尬不已。

面對陌生人更是無法自在地談話。因此曾有三次的工作機會，都因沒有面對主管談話的勇氣而白白錯失。

但在八年前某一下午，我終於成功地克服了煩惱。那天我在一個朋友的事務所中。他所遭遇過的困難，比我嚴重了好幾倍，但他卻十分開朗。

一九二八年他開創了他的事業，但不久便身無分文。一九三三年又再度成為有錢人，但又立刻沒落下去。一九三七年，又重複同樣的

命運，破產時，被債權人及仇人四處追趕。一般人可能因承受不了而走向自殺一途，但這種打擊對他來說，只是生命中的一點小漣漪。

　　八年前與他談話的那一個下午，在羨慕他的同時，我告訴他希望我也能變得和他一樣豁達。閒談中，他把當年某一天早上他所收到的一封信拿給我看。

　　這是一封充滿怨毒的信，信中都說些莫名其妙的問題。我想，如果是我收到這樣一封信，一定會狼狽不堪的。我問他：「比爾，你打算怎樣回這封信？」

　　「告訴你一個祕訣，當你為某事煩心時，就拿出紙筆，在紙上詳詳細細地寫出自己到底一是為了什麼而憂慮，然後把這張紙丟到抽屜裡。過兩週再拿出來讀讀看。如果問題尚未解決，就再把它放回去。紙嘛！放個兩、三週，它本身是不會有任何變化的，但那令你焦頭爛額的問題，卻會發生許許多多的變化。因此只要耐心等待，多數的煩惱都會像氣球一般，最後破裂而消失無蹤。」

　　我非常佩服他的忠告，便從那天起開始實行他的方法。果然，一切的煩惱到最後都不知跑到哪兒去了。時間會為你解決許多問題，包括你今天發生的──「天大的煩惱」！

生與死之間

約瑟夫・賴安

　　數年前，我是某一訴訟案件的證人，因為緊張過度及過重的心理壓力，以致在案子結束後的回程中，突然心臟衰竭而倒下。

　　回到家中醫生替我打了針，連到起居室的沙發椅都要竭盡全力很辛苦地挨近。當意識恢復時，看見附近的神父正在床邊替我做臨終祈禱。

　　家人都面露哀悽之色，我心想我真的沒有救了。後來聽太太說，當時醫生宣布我只剩三十分鐘左右的生命。因為我的心臟極度衰弱，連說句話或動根指頭的力氣都沒有了。

　　我原不是信仰十分堅強的人，但我知道一件事——不要和上帝爭辯。因此我閉上眼睛，心中默默祈禱著：「就依您的旨意吧……如果不得不那樣的話，請依您的旨意吧！」

　　這麼一想，反而全身舒暢起來，恐懼感頓失。我靜靜地自問，在這種情況下，最後的結果將是如何？死亡！也好。蒙主恩召不就可以住進天堂，安享和平了嗎？

　　我躺著等待死亡，但卻不再疼痛，於是，我又自問，如果僥倖逃

過這一關，該如何善用寶貴的餘生？——我一定要好好注意健康，不再讓緊張和憂慮侵蝕自己。

這是四年前的事了。現在醫生看了心電圖，很驚訝於我恢復的奇蹟。若非當時敞開胸懷，坦然面對死神，恐怕不須等到心臟停止，內心的憂慮早就把自己給活活地殺死了。

約瑟夫‧賴安先生延年益壽的祕訣，即是適當運用了本書所描述的神奇的方法—凡事設想面對問題時，所可能發生的最糟的情況是什麼……

我才是偉大的放逐者

歐威・泰德

　　憂慮其實也是一種習慣——我在很早以前便破除了這個習慣。我可以遠離煩惱主要得力於：

　　一、我實在很忙，忙得無暇去憂慮。我有三項重要的職務，僅僅是其中一項，都足以叫人忙得不可開交——哥倫比亞大學教授、紐約市高等教育委員會會長、哈伯兄弟出版社的經理部負責人。因忙於這三項工作，所以沒有時間煩惱這個、煩惱那個的。

　　二、我是偉大的放逐者。從一個工作轉向另一個工作時，我會把先前工作上的困擾驅逐淨盡，我因而得以休息，得以滌淨我的心靈。

　　三、隨著一天工作的結束，我訓練自己將所有工作上的困擾從心中掃除。如果我每天晚上都將這些問題帶回家，我的健康不被搞壞了才怪！

焦慮與墳墓

棒球界名人　柯尼‧麥克

　　長達六十三年的職業棒球生涯裡，我歷經無數的挫折。一八八○年剛剛投身棒壇時，根本沒有薪水好領。我們在空地賽球，有時會被空罐或舊馬具絆倒。比賽一結束，以帽子讓觀眾傳遞打賞的小錢。這樣的有限收入，對於必須扶養母親及弟妹的我而言，根本是不夠的。有時會和隊員們一起以草莓或烤文蛤來裹腹。

　　回想起來，我真是備嘗艱辛：七年間一直是我擔任經理，一旦比賽成績欠佳，我便吃不下、睡不著。還好，二十五年前我及時停止了憂慮；否則，我一定老早以前便進墳墓了。

　　回顧漫長的一生（我是林肯總統時代出生的），我之所以能征服憂慮，是由於我有一些想法：

1‧我領悟到憂慮不但於事無補，甚至會毀掉健康及前途。

2‧忙於今日而不追悼昨日。

3‧我一再提醒自己，在比賽結束後的二十四小時內絕不討論比賽的得失。早先的經驗告訴我，當球賽完畢時，大家的情緒都很激昂，如果在這個當口指出那個球員有所失誤，他必定

激動地為自己辯護而鬧得不歡而散。所以，現在我學乖了，
總要等到賽結束後第二天，大家都冷靜下來時，再心平氣和
地做番檢討，這樣大家就能夠勇於接受而樂於改進了。

4‧對球員們，我以讚美代替責備，儘可能去鼓舞他們的士氣。

5‧我發現自己愈疲倦就愈容易焦慮，所以，我讓自己保有充分
的睡眠，除了每晚十小時外，再加上中午的休息。

6‧我讓自己沈醉於工作裡，只要還不到老得糊塗、四肢遲鈍，
我就不會輕言退休。

柯尼‧麥克雖然沒有讀過這本書，但他卻為自己創造出解除情緒
負擔的完美法則。你不妨也試著列出你自己的一套法則。

治療胃潰瘍及憂慮的方法

威斯康辛州・綠彎　　亞得・夏普

　　五年前，我在憂慮的摧殘下損壞了健康。醫生說是胃潰瘍，他採用食物治療法，叫我喝牛奶、吃雞蛋，即使吃到膩、吃到怕，也沒有好起來。

　　有一天，我讀到有關癌症的文章，發現其中所說的症狀，我似乎都具備了。從此以後煩惱更進而變成了恐慌。因此，胃潰瘍也自然再度惡化。然後，最後的打擊來了──那時二十四歲的我，因身體不及格而被拒入伍。在本身是身體最強壯的時期卻被宣判為孱弱的人。

　　絕望中的我，看不到一線希望。為什麼會陷入這種境地？兩年前，我是個快樂又健康的推銷員，但後來由於戰爭貨源短缺，所以放棄了推銷工作而轉入工廠工作。我看不起這個工作，更糟的是，我交了一些抱持虛無思想的朋友。他們對所有事物都看不順眼，時常貶低工作、抱怨薪水太低、工時太長……不知不覺中我也感染到他們那種悲觀思想，以致好像所有的事都不稱心。

　　我漸漸注意了自己的胃潰瘍和自己悲觀厭世的心態大有關係，因此決定回到自己喜歡的推銷工作，並結交一些積極樂觀的人。由於此

一決定而挽救了我的性命，因為心情的完全改變，胃病也改善了。

　　其實要穫得快樂、健康與平安並不困難，只要你心裡充滿樂觀的思想，自然就表現出快活的行為。現在我總算理解耶穌所說的：「一個人心裡想什麼，他就會是一個什麼樣的人。」這雖然並不容易，為了健康，你何妨試試！

我追求綠色信號燈

喬瑟夫‧柯達

　　我從小開始到了長大以後，一直是個憂鬱者。我所憂慮的事物，有些是現實中有的，但大部分則是想像出來的。偶爾沒有可憂慮的事情時，我反倒會擔心是不是自己疏忽了什麼該煩惱的事了。

　　兩年前，我開始了嶄新的生活。那是由於我對自己做了一次「精密且公正的性格診斷」，而使自己了解憂慮的根源，並進而根絕它。

　　問題是──我根本不想活下去：我突然追悔昨日的過錯；對未來十分恐懼。常聽人說：「所謂今天，是昨天所煩惱的明天。」但對我似乎沒有什麼作用。

　　有人勸我每天要有計劃，也有人告訴我說，只有今天是我唯一可以擁有的一天，這樣一來就會忙得沒有時間再去煩惱關於過去或未來的種種，那些忠告實在是很理論性，對我而言，實行起來是很困難的。

　　然而，正如黑暗中的一聲槍響，有一天我突然發現了答案。

　　一九四五年五月三十一日午後七點，在北威斯頓的鐵路火車站月台上──對我而言，因為是非常重要的一刻，所以記憶深刻。

　　我們送幾位朋友去搭火車。他們因假期結束，要乘「洛桑傑路斯號」火車回去。那時戰爭仍然持續著。我和太太一起往列車的前方走去。然後站著看了一會兒閃閃發光的火車頭。那時有一個很大的信號映入了我的眼簾，它閃爍著黃色的光輝。不久那個光變成耀眼的綠色。那一瞬間火車司機鳴了電鈴，隨之響起耳熟能詳的話：「請上車！」

　　不一會兒，列車駛離了站而邁向三千七百公里的旅途。

　　這時我正在體驗奇蹟——那位火車司機給了我所追求的答案——他是依賴那個信號燈而奔向前程的。想必他是希望一路綠燈。我明白那是不可能的，因那只能是一種期望。但那位司機對於未來將遇上的紅燈並不感到憂慮，因為那頂多造成些許的延遲罷了。因此，他完全依賴那套信號組織——黃色的信號：降低速度慢行；紅色的信號：前方有危險、停止。由此列車的行進是安全的。

　　我自問道——

　　難道自己的人生就沒有這麼一套可作為行動依據的信號組織嗎？不，上天已經給了我。上帝的旨意——它永遠不故障。於是，我開始尋找綠色的信號燈。

每天早上我靠著禱告得到了該日的綠色信號燈。有時看見了黃色的信號燈就減低速度；碰到紅色信號燈時，就停下以防發生事故。

　　發現了這個道理以後，我就不再杞人憂天了。這兩年來，我獲賜了七百次以上的綠色信號。因此在人生的路上，我可以依據信號燈行動，我可以完全仰賴神給我的指示。

洛克菲勒如何延長了四十五年的生命

　　約翰‧洛克菲勒，早在他三十三歲時，已經積蓄了他生平的第一筆百萬美元的財產。四十三歲時便建立了世界最大的獨占企業標準石油公司。但是在五十三歲時，不知怎麼回事竟成了煩惱、憂慮的俘虜。充滿緊張和煩惱的生活，已經嚴重地損害到他的健康了。

　　當時的洛克菲勒，「簡直像具木乃伊似的！」傳記作者約翰‧溫克拉這樣描述他──

　　五十三歲的洛克菲勒，不幸患上古怪的消化系統毛病，結果不但頭髮脫落，連睫毛都掉得精光，眉毛也稀稀疏疏地僅剩下一點點。溫克拉如此描述：「隨著病情的惡化，他甚至只被允許飲用人奶來維生。」他患的是一種神經性的禿頭症。由於禿得十分嚴重，有一段時間只好利用毛巾來裹住頭部，後來則花了五百美元製作了一頂銀色假髮來戴，一直到去世為止。

　　洛克菲勒原本體格強健。小時在農家長大的他，肩膀挺直寬厚，走起路更是腳步穩健。但就在三十五歲正當壯年時，卻已經是兩肩下垂，步履艱難了。

　　「他映在鏡中的臉，簡直和老人沒有兩樣！」另一位傳記作家約

翰‧富林這樣描述他。這是由於他「不斷地工作、不斷地勞累、無數的非難和攻擊、熬夜、運動及休息不足」的必然結果。這後果終於使得他也不得不屈服了。身為世界首富；吃得比貧民還不如。當時，他的收入已經超過每週百萬美元了，但一星期的飲食費卻只不過美金兩元。所有的食物便是醫師所許可的少量的發酵乳及兩、三片蘇打餅乾而已。他的皮膚已經失去了光澤，如同皺紙包在枯骨上一般。他之所以還能活下去，完全是靠他捨得花錢來治療罷了！

　　為什麼會弄到這種地步？原來是由於焦慮、高血壓，以及高度緊張生活所造成的。他一步一步地把自己推向墳墓，二十三歲時，他便已朝著他的目標猛進不已了。認識他的人說：「他只在賺錢的時候才有笑臉。」在賺了一大筆時，他會高興得把帽子往床上一扔，活蹦亂跳起來；但一旦賠了錢，就馬上惱出病來。

　　有一次，他經由五大湖的水運送出四萬美元的穀物。但他並未投保，因為他認為一百五十美元的保費實在太浪費了。但是當晚，伊利湖狂風大作。洛克菲勒擔心這一趟運程將損失慘重。第二天，他的合夥人喬治‧戈德納到辦公室時，洛克菲勒正在房內來來回回地踱著

步。「快！快！」洛克菲勒喘著氣：「現在還可不可以投保？可不可以馬上去為我跑一趟？」

　　戈德納立刻急忙跑去投了保，回到辦公室時卻發現洛克菲勒反而變得比剛才激動。原來，當戈德納去投保時，他收到了貨物毫無損害地安抵目的地的電報。於是，洛克菲勒認為自己白白浪費了一百五十美元，於是為此牢騷不斷。接著他便說他身體不太舒服，回到家後便病倒床上了。其實他當時進行的都是在五十萬美元以上的大交易，而他卻為了這區區一百五十美元的損失，而懊悔到病倒的地步！

　　他也從未把時間花在運動和娛樂上。他的生活便只有賺錢，以及到主日學校教課而已。有一次他的合夥人戈德納和三個朋友，花了二千美元買了一艘中古遊艇，洛克菲勒非常不高興，並拒絕乘坐。有個週末戈德納到他的辦公室看到他正在工作，便對他說：「喂！約翰，忘掉工作，搭遊艇去兜兜風嘛！你心情會很舒暢的。」而洛克菲勒不但毫不領情，且大發脾氣地回答：「喬治！我從沒看過像你這樣揮霍無度的人，銀行信用早晚會破產，而我的信用也將受你連累的。你是不是打算弄垮我們的公司？我不去，我死也不去坐那鬼玩意兒！」然

後，整個週末下午，他便一直關在辦公室中埋首工作。

像這樣對身體缺乏生活情趣及長遠的眼光，便是他商業化的特徵。晚年時，他追憶道：「當時的我，即使在晚上上床之後，仍在為事業的成功憂心。」

雖擁有百萬鉅富，卻要為是否失去它們而日夜不安，在這種情況下，健康又怎能不受損！他完全和運動及娛樂絕緣：不去觀賞戲劇、不打撲克牌、連派對也拒絕參加。正如馬克‧韓納所說，在金錢方面他根本是個瘋子：「在其他方面，他都很正常；但一扯到金錢，他便整個人都瘋狂了。」

洛克菲勒曾向他在俄亥俄州克林布蘭德的鄰人表示：「我希望被人喜歡和接納。」但由於他過度的冷酷和猜忌，使得任何人對他都敬而遠之。像摩根就根本避免和他有任何瓜葛：「對這種人，我打從心底厭惡。」摩根並很不屑地說：「我根本不想和他做任何的交易。」甚至連他的兄弟也嫌惡他，而把自己的孩子的遺骨遷出洛克菲勒家的土地。他說：「在洛克菲勒統治下的土地，我的孩子無法安眠。」

洛克菲勒的員工及同事對他也是無時不戰戰兢兢。諷刺的是，洛克菲勒終究是洛克菲勒，他也害怕他們——害怕他們洩漏了商業上的

機密給外面的人。他打心底不信任人類這種東西。有一次他和獨立的石油精煉業者打了十年的契約。他要求對方承諾：對契約的事絕對守密，即使對自己的妻子也絕口不提。「閉上嘴、少說話、努力工作。」是他信奉不疑的座右銘。

就在黃金如火山流出的岩漿不斷湧向他的金庫之際，他的王國崩潰了——大眾傳播的輿論齊聲指責標準石油公司的掠奪的作風，而他和鐵路公司的祕密契約，以及對競爭者極端毫不留情的手段，也都飽受攻訐。

在賓西法尼亞的油田地帶，沒有比洛克菲勒更遭人憎惡的了。他們當真是恨不得拿繩子來把洛克菲勒吊死哩！憎恨、詛咒、脅迫的信件如雪片般紛紛飛向他的辦公室。為了預防不測，他請了貼身保鏢保護自己。面對這股憎惡的狂瀾，他故作平靜，甚至以嘲諷的語氣放出狂言：「要拒我於千里之外、要說我壞話……那是你們的自由；但希望不要妨礙我的工作！」但他畢竟也是人，終究無法承受那些憎恨而開始煩心了起來，健康也日益受損。

對他而言，這個新敵人、這個由內部啃噬他的敵人——也就是疾

病，是個根本無法理解的東西。開始時，他還一邊隱藏這有時發作的不適，一邊努力工作想藉以忘記它們，但是失眠、消化不良、禿頭……這些顯示憂慮和衰弱的一切症狀，卻是不容他否認的。終於，醫師要他做一抉擇：「是要錢跟煩惱，還是要生命？」並警告他必須在退休或死亡兩者間做一抉擇。他決定退休，但他的健康早已被憂慮、貪慾及恐懼破壞得差不多了。

美國名作家愛妲・塔蓓兒在和他見面之後，吃了一驚：「他的臉孔多麼蒼老！他是我所見過的最蒼老的人。」老了嗎？絕不！當時他比收回菲律賓時的麥克阿瑟還年輕四、五歲，但是他的肉體已經到了令塔蓓兒同情的地步了。當時，她是為了蒐集攻擊標準石油公司及其所代表的獨占企業的資料而來的，本是不可能對這個創設了「章魚般多足」的龐大企業之洛氏抱有任何好感的。但當她看到洛氏在主日學校裡，一面窺伺旁人臉色，一面授課的姿態時，也不禁「變得意外地對他有一份同情，而且這種感覺愈來愈強烈。我覺得他十分可悲。世上恐怕沒有比恐懼更可怕的伴侶了。」

　　醫生開始著手拯救他的生命。他們給他訂了三項規則。而洛克菲勒也開始切切實實地在他的餘生盡力嚴格遵守這三條規則：

　　一、避免憂慮。不論在任何情況下，都絕不煩惱。

　　二、保持整潔。多做戶外活動。

　　三、注意飲食。要節制而不過量。

　　約翰・洛克菲勒遵守了這些規則，停止了對自我的摧殘。他退休了，開始學打高爾夫球、開始從事一些園藝、也開始和鄰居搭訕閒聊，有時也打打撲克牌、或是唱唱歌。

　　但是，他所努力的並非如此而已，溫克拉說：「洛克菲勒由於白天身體上的痛苦及夜間的失眠，使他知道了反省。」於是，他開始想到一些有關別人的事，也是他有生以來首次思考金錢與人生幸福的關係，而不再只是一個勁地想賺大錢了。

　　總之，洛克菲勒開始不吝於施與。開始時，並不順利，當他要捐款給教會時，卻引起了全國聖職人員一致拒絕他的「不義之財」的呼籲。但是洛克菲勒仍繼續匯去。當他聽說密西根湖畔一所小小的大學，因周轉不靈而前景堪虞時，他又即時伸出援手，捐出了上百萬美

金。這就是如今聞名世界的芝加哥大學誕生的經過。他也對黑人們伸出了友愛之手。為了繼承的喬治‧卡佛的事業，他捐款給達斯克基大學等黑人學校。他也致力於鉤蟲的撲滅。當時鉤蟲病的權威傑魯士‧W‧史泰爾博士表示：「鉤蟲病正在南部各州漫延，如果能分配給他們每人半塊錢的藥物，就可以治療好了。有那一位仁人君子願意為我們提供這筆經費呢？」洛克菲勒於是響應他，捐出數百萬美元的鉅款，終於解除了這個南部各州長久以來最大的苦難。更進一步地，他設立了「洛克菲勒基金會」，向全世界的傳染疾病及無知挑戰。

　　當我提到這個基金會，也不得不深為感動。因為我的生命也是仰賴它而保全下來的。一九三二年，當我抵達中國時，北平正在流行霍亂，中國農民像蒼蠅般的不斷地死去。就在極端恐怖中，洛克菲勒醫學大學來此實施霍亂預防注射，不分中國人或外國人，都能享有這一項恩惠。到那時我才了解洛克菲勒的鉅大財富，已經如此地廣為世人所共享。

　　有史以來，尚未有能和洛克菲勒基金會相提並論的團體，它是獨一無二的。洛克菲勒深知有許多深入世界各地的理想主義者所開展的

事業，如各種研究、興建學校、撲滅傳染病……等等。但是這些公益事業卻常因資金不足而受挫。於是洛克菲勒決心資助這些博愛的開拓者。他並不是併吞他們的事業，而是給予他們資金幫助他們自立。今天，我們真的必須感謝他，由於他在金錢上的資助，才有如盤尼西林等許多有益世人的發現。過去患者的存活率僅五分之四的可怕疾病——脊髓炎——也終能治癒了。關於瘧疾、結核、流行性感冒、白喉等許許多多醫療技術的進步，也都該感謝他的促成。

那麼，洛克菲勒本人變得如何了？是不是藉著奉獻而獲得內心的平靜了？是的。他終於嘗到了滿足感。「如果還認為一九○○年以後，他仍然在為對標準石油公司的那些攻訐而心煩憂慮的話，那就大錯特錯了！」亞蘭・奈文斯如是說。

洛克菲勒十分地幸福。他完完全全變了一個人，絕不再煩惱。即使是他一生中最大一次的失敗時刻，他也沒有讓它來妨礙自己的睡眠。

當時他所創設的那家龐大的標準石油公司，被聯邦政府判定抵觸了「反托拉斯法令」而科以史上最重的罰鍰。這是場全國律師菁英都使盡渾身解數的大決戰，訴訟期之長是過去所未有的。但是最後標準

石油公司仍是敗訴了。

當法官宣告判決時，被告的辯護律師擔心洛克菲勒一定受不了這次的打擊。因為他們不知洛克菲勒的個性已經完全轉變了。

當晚，其中的一個律師打電話給他。那位律師儘可能平靜地把結果向他報告，最後並且用十分擔心的語氣來安慰他：「請您不要太在意這件事，洛克菲勒先生。希望您能好好休息一下。」

但是洛克菲勒呢？他「哈哈哈」地笑了起來：「擔心是沒有用的，詹森先生。我正打算好好睡他一覺。你才真正的不要太擔心，好好睡吧！」

這就是過去曾為損失了一百五十元，便不甘心得病臥在床者的回答。洛克菲勒由於克服了憂慮，而為他帶來了更旺盛的生機。五十三歲瀕死的他，此後一直快樂地活到了九十八歲。

無形殺手

波爾・薩姆遜

　　一直到六個月前，我都還馬不停蹄地奔波，根本沒有放鬆過自己。每晚都身心疲憊地回到家中。因為從來就沒有人告訴我：「喂，波爾，你想自殺嗎？為什麼不減少工作，放鬆放鬆自己？」

　　每天早上我都急急忙忙地起床、急急忙忙地吃早餐、刮鬍子、換衣服，然後急急忙忙地出門上班，好像深怕從車中飛出般地死命抓住方向盤，把車子開得像賽車般飛快，工作時也緊張兮兮，下班時也一樣慌慌張張地回家，直到睡覺時仍巴不得自己趕快入睡，幾乎沒有一件事不是在匆促中完成的。

　　由於老是緊張過度，於是我便去求助神經科醫師。醫師告訴我必須輕鬆一點，不論是工作、吃飯、睡眠，都不可以忘記放鬆自己。他也警告我，不放鬆自己，無異於慢性自殺……

　　從此以後，我開始學著放鬆自己，每晚使自己在輕鬆的狀態下入睡，因此每天早晨醒來都十分清爽舒暢。不論吃東西、開車，也都放鬆自己，不再全身繃緊地去做事了。一天中我會幾次停下手邊的工

作，反省自己是否真正完全放鬆了自己。如果電話鈴聲響起，我也不再像過去那樣惟恐被他人先接去似地撲過去搶話筒，和人交談時，也能輕輕鬆鬆地傾聽對方的話。

　　結果，我的人生變得相當愉快。因為我已完全擺脫了緊張和憂慮的折磨了。

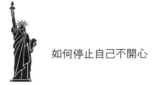

奇蹟真的發生了

蒙西絲・巴夏

　　我曾深陷苦惱的魔掌中而心亂如麻、毫無任何生活樂趣。我的神經緊張到了極點——晚上無法成眠、白天也無法放鬆。三個小孩寄養在遠方親戚家。當時我先生因剛從軍中退伍，想在其他城市開業當律師。處於戰後再出發時期的我，十分惶惑不安，影響所及，不僅為先生及孩子的生活抹上一片陰影，且連自己的人生也陷入了危險之境。所有的事情都因我而起，我雖然在痛苦中拚命掙扎，但結果卻只有增加害怕會失敗的恐懼感。也曾想負起責任好好工作，但結果總被不安所吞噬。使我變得無法信任自己，認為自己是個徹底的失敗者。

　　當眼前一片黑暗時，母親為我點燃了一把希望之火，使我的鬥志再次甦醒過來。她平靜地對我說「妳難道甘心就這樣服輸了嗎？為什麼不敢站起來和現實好好戰鬥一番？」

　　這些話激勵了我，於是我告訴雙親，從此凡事我自己動手，請他們回家去。然後我做了以前一直深信做不到的事——我一個人非照顧三個幼小的孩子不可，所以晚上睡得好、也吃得下，於是漸漸恢復了元氣。

一週後，雙親來看我的情形，我正邊熨衣服邊唱著歌，那是多麼幸福的畫面啊！我絕不會忘記這次的教訓——勇敢面對問題。

此後我努力埋首於工作。終於我喚回了孩子，決定和先生一起開創新的生活。我恢復了健康，決心使先生獲得家庭的愛，使自己成為幸福的家庭主婦。於是，我興致勃勃地著手新的家庭生活計劃。再無暇煩惱。自此，真正的奇蹟發生了……

我和先生同心協力、日益相契。早上一起床便充滿喜悅地迎接新的一天。偶爾疲倦的時候也會被陰鬱所侵襲，但終會告誡自己甩掉那些無謂的煩惱。如此一來，那些愁慘的情緒便漸漸散去——終於消逝不見。

從那時起的一年來，我擁有事業一帆風順的丈夫，即使一天工作十六小時，也能樂在其中，因為他是為幸福的家庭及三個健康活潑的孩子而奮鬥。我當然是很滿意這種幸福的新生活。

富蘭克林如何克服自己的煩惱

編按・這是富蘭克林寄給約瑟夫・布里斯特利的一封信。他向富蘭克林請教工作上的問題。富蘭克林在回函中告訴他解決問題的方法。

一九七二年九月十九日，倫敦。

　　對於閣下所詢問的問題，敝人自認為在這一方面的基本知識頗為貧乏，因此無法建議閣下應否接受，但卻可以建議應以何種態度來處理這件事。以下是個人的經驗談。通常會發生這一類令我們棘手的麻煩，主要是由於當我們在衡量該問題時，並不是贊成、反對雙方的理由同時浮現腦中，而是一下子一方，一下子又出現了另一方的理由，以致把原先那一方的念頭給壓了下去的緣故。總之，各種念頭在心中不斷地相互衝突消長，總使得我們深感為難而不知所措了。

　　對付這個困擾，敝人採用的是把一張紙一分為二，一張寫贊成意見，而另一張則寫反對意見。在斟酌該問題的三、四日間，偶爾掠過的一些念頭，也同樣地把它們列入紙上。然後就這些或正或反的意見加以權衡。如果贊成的一項相當於反對的一項時，這兩項便可同時抵銷；當一項贊成相當於二項反對時，便三者一起劃掉；二項反對和三

項贊成判為相當時，則把五項一起捨去。

　　如此一來，便得到了最後的決算表。在經兩天考慮之後，只要沒有什要重大變化，便可以做最後決定了。那些理由的大小輕重無法用十分明確的數字來加以計算，但至少可以逐個來加以比較，同時因為所有的正反兩方意見都一目瞭然，所以有助於做最妥善的判斷，而減低情急之下草率做出結論的弊端。

　　事實上，敝人即是藉著這可以稱之為「判斷代數」的方程式，而獲得了極大的益處。

　　最後，衷心祈祝閣下能做出最佳的決定！

〈全書終〉

作者簡介

　　戴爾・卡耐基，被譽為二十世紀人類最偉大的人生導師，也是成功學大師。

　　卡耐基於一八八八年 11 月 24 日出生在美國密蘇里州的一個貧苦農民家庭，是一個樸實的農家子弟，他的童年和其他美國中西部農村的男孩子並沒有什麼不同，他幫父母幹雜事、擠牛奶，即使貧窮也不以為意。這或許是因為他根本不覺得自己家裡很貧窮。在那個沒有農業機械的年代，他和父親同樣做著那些繁重的體力活，而一年的辛勞卻可能因為一場水災而付諸東流，或者被驕陽曬枯了，或者餵了蝗蟲。卡耐基眼見父親因為這些永無終止的操勞而備受折磨，發誓絕不拿自己的一生來和天氣賭每年收成到底是如何？

　　如果說卡耐基的童年和其他農村男孩子有什麼不同的話，那主要是受到他母親的強烈影響。她是一名虔誠的教徒，在嫁給卡耐基的父親之前曾當過教員。她鼓勵卡耐基接受教育，她的夢想是讓兒子將來當一名傳教士或教師。

　　一九〇四年，卡耐基高中畢業後就讀於密蘇里州華倫斯堡州立師範學院。他雖然得到全額獎學金，但由於家境的貧困，他還必須參加各種工作，以賺取必要的生活費用。這使他感到羞恥，養成了一種自

卑的心理。因而，他想尋求出人頭地的捷徑。在學校裡，具有特殊影響和名望的人，一類是棒球球員，一類是那些辯論和演講獲勝的人。他知道自己沒有運動員的才華，就決心在演講比賽上獲勝。他花了幾個月的時間練習演講，但一次又一次地失敗了。失敗帶給他的失望和灰心，甚至使他想到自殺。然而在第二年裡，他開始獲勝了。

當時，他的目標是得到學位和教員資格證書，好在家鄉的學校教書。但是，卡耐基畢業後並沒有去教書。他前往國際函授學校總部所在地丹佛市，為該校做推銷員，薪水是一天有推銷的佣金。

2 美元，這筆收入可以支付他的房租和膳食，此外還儘管卡耐基盡了最大的努力，但是並不太成功，於是又改而推銷肉類產品。為了找到這種工作，他一路上免費為一個牧場主人的馬匹餵水、餵食，搭這人的便車來到了奧馬哈市，當上了推銷員，週薪為美元，比他父親一年的收入還要高。

雖然卡耐基的推銷幹得很成功，成績由他那個區域內的第名躍升為第一名，但他拒絕升任經理，而是帶著積攢下來的錢來到紐約，當了一名演員。作為演員，卡耐基唯一的演出是在話劇〈馬戲團的包莉〉中擔任一個角色。在這次話劇旅行演出一年之後，卡耐基斷定自

己幹戲劇這行沒有前途，於是他又改回推銷的老本行，為一家汽車公司推銷汽車和卡車。

但做推銷員並不是卡耐基的理想。在他從事汽車推銷時，他對自己的能力很懷疑。有一天，一位老者想買車，卡耐基又背誦了那套「車經」。老者淡淡地說：「無所謂的，我還走得動，開車只不過是嘗一嘗新鮮勁，因為我年輕時曾夢想成為汽車設計師，那時還沒有汽車呢……」老者的一番話，慢慢吸引了卡耐基。他詳細地和老者討論起自己在公司的情況，後來他們的談話又轉到了人生的話題。卡耐基講述了自己最近的煩惱：「那天凌晨，對看一盞孤燈，我對自己說：『我在做什麼，我的夢想是什麼，如果我想要成為作家，那為什麼不從事寫作呢？』您認為我的看法對嗎？」「好孩子，非常棒！」老者的臉上露出輕鬆的笑容，繼而說：「你為什麼要為一個你不關心又不能付你高薪的公司賣命呢？你不是想賺大錢嗎？寫作，在今天也是個不錯的選擇呀！」「不，老先生，放棄工作是不可能的，除非我有別的事可做。但是我能做什麼呢？我有什麼能力能讓自己滿意地賺錢和生活呢？」卡耐基問。

老者說：「你的職業應該是能使你感興趣，並發揮才能的。既然

寫作很適合你，為什麼不試一試？」這一句話，讓卡耐基茅塞頓開。
那份埋藏在胸中奔湧已久的寫作激情，被老者的幾句話給激活了。

　　於是，從那天起，卡耐基決定換一種生活。他要當一位受人尊
敬、受人愛戴的偉大作家。

　　一個偶然的機會，卡耐基發現自己所在城市的青年會（YMCA）
在招聘一名講授商務技巧的夜大老師。於是他前去應聘，並且被錄用
了。

　　卡耐基的公開演說課程，不僅包括了演說的歷史，還有演說的原
理知識。除此之外，他還發明了一種獨特而非常有效的教學方式。

　　當他第一次為學員上課時，就直接點名讓學員談他們自己，向大
家講述他們日常生活中發生的事。當一個學員說完以後，另一個學員
接著站起來說，然後再讓其他學員站起來說。這樣，直到班上每一個
學員都發表過簡短的談話。

　　卡耐基後來說：「在不知道究竟該怎麼辦的情況下，我誤打誤
撞，找到了幫助學員克服恐懼的最佳方法。」

　　從此以後，卡耐基這種鼓勵所有學員共同參與的教學方法，成為

激發學員興趣和確保學員出席的最有效方法。雖然這種方法在當時尚無先例，也沒有什麼方法可以評定他這套方法的效果，但它確實奏效了，並且已經在全世界教出了許多更會說話且更有信心的人。

這一哲理的成功，可以從成千上萬名畢業學員寫來的信中得到證明。寫這些信的學員有工廠工人、家庭主婦、政界人士、公司負責人、教師及傳教士，他們的職業遍及了各行各業。

卡耐基於一九五五年 11 月 1 日去世，只差幾個星期歲。追悼會在森林山舉行，被葬在密蘇里州他父母親墓地的附近。

國家圖書館出版品預行編目資料

如何停止自己不開心／戴爾・卡耐基　著；林郁工
作室翻譯；初版 -- 新北市：新潮社文化事業有限公
司，2023.05
面；　公分
　　　ISBN　978-986-316-875-1（平裝）
1. CST：憂慮　2. CST：情緒管理　3. CST：生活指導

176.527　　　　　　　　　　　　　　112003219

如何停止自己不開心

戴爾・卡耐基　著

林郁　主編

【策　劃】林郁

【制　作】天蠍座文創

【翻　譯】林郁工作室

【出　版】新潮社文化事業有限公司

　　　　　　電話：(02) 8666-5711

　　　　　　傳真：(02) 8666-5833

　　　　　　E-mail：service@xcsbook.com.tw

【總經銷】創智文化有限公司

　　　　　　新北市土城區忠承路 89 號 6F（永寧科技園區）

　　　　　　電話：(02) 2268-3489

　　　　　　傳真：(02) 2269-6560

印前作業　菩薩蠻電腦科技有限公司

　　　　　　東豪印刷事業有限公司

　　　　　　福霖印刷企業有限公司

初　　版　2023 年 05 月